国家社会科学基金2007年度教育学重点课题
"社会变革时期青少年思想道德发展的新情况与对策研究"
（课题批准号：AEA070001）子课题之一
"社会变革时期小学生道德价值观教育研究"
（课题批准号：AEA070001-04）成果

中国青少年道德价值观研究丛书

朱小蔓 主编

社会变革时期
中国小学生
道德价值观调查

刘慧 刘惊铎 俞劼 等／著

教育科学出版社
·北京·

总　序

现在已经进入了 21 世纪的第二个十年。全球化迅猛来袭，科技发展日新月异，社会文化急剧变化，等等因素，使世纪之交的憧憬、困惑与迷茫成为当下许多人的切身感受。各种新情况、新问题、新挑战、新机遇，无论是在广度还是在深度上，都展示出内涵的复杂性和变化的急剧性。随着我国改革开放的不断推进，国民经济快速发展，综合国力显著增强，但同时社会经济、政治、文化形势也更趋复杂，面临进一步的、综合性的改革，推进社会健康发展处在一个新的关键时期。教育，因其与社会发展变化的密切关系，也不断面临新的问题挑战及新的发展机遇。

青少年是祖国和民族的未来与希望，他们今天的思想道德状况很大程度上影响着国家和民族未来的命运。对不同历史时段内青少年思想道德发展状况有比较深入、比较准确的把握，并在此基础上提出比较有针对性的关怀及教育的建议，是时代，也是国家、社会赋予专业工作者的学术责任。改革开放以来，党中央和政府有关部门高度重视对青少年思想道德状况的调查与研究，专业研究机构和学者也分别借助哲学、心理学、社会学、人类学、教育学等不同学科的思路和研究方法设计调查方案，取得了不少实证研究的成果，丰富了我们对青少年状况的了解和认识，为后来者的研究积累了资料，奠定了基础。另外，在社会发展和教育改革的不断深化中，国内大中小学及一些地区的教育部门已经创造出不少新鲜经验，它们具有很强的现实性和针对性，是实践中生长出来的、富有生命力的教育创造。但这些教育经验还需要在理念和学理上加以分析，其教育学的意蕴还需予以挖掘和阐释，因此，从教育学立场和视角对青少年思想道德状况及教育现状进行较大规模、分学段、有专题的调查分析，依然具有学术价值、现实意义和研究空间。

大家看到的这套丛书，是国家社会科学基金"十一五"规划2007年度教育学重点课题"社会变革时期青少年思想道德发展的新情况与对策研究"的一部分研究成果。课题组于2009—2010年分赴我国东、中、西部3个省的6个县以及6个大中城市做抽样调查，通过问卷、访谈、观察等方法，了解进入21世纪以来，在中国社会快速变化，网络等媒体影响迅猛，全球风云多变的时代大环境下，我国青少年思想道德发展的基本状况，试图发现新情况，把握基本特征，考察其与国家主导价值观的吻合程度，分析全球化、市场化和网络化等重要时代性因素对青少年产生的影响，并对德育工作调整提出适应时代变化的对策与建议。丛书包括小学、中学、大学等几个独立的分册，由各子课题负责人主编。

中国正在不断地变革和不断地解决新问题中探索自己的发展道路。丰富的实践和挑战性的境况使理论创新充满可能与机遇。我们相信，理论工作者的使命并不是一定要坚持某个大家公认的观点或结论，更重要的在于积极地走向生活，愿意走近人本身，悉心去发现，对那些可贵的资料、信息认真梳理，尽可能深入地分析思考。理论创新需要源泉和动力，也需要勇气和坚持。我带领的课题组一群人本不太熟悉较大规模抽样调查的方式方法，但我们希望借此锻炼队伍、挑战自己，更希望从变动不居的生活中、从丰富多样的现实中找到理论生长的源泉和动力，激发团队同仁更大的研究兴趣、潜力和学术自觉。丛书除了将实证调研的结果呈现出来外，还努力将我们认为有价值的理论观点和实践命题提炼并表征出来，以抛砖引玉，引发更多研究者的关注和进一步研究。对于如此规模和方式的实证调研与数据分析，我们在对研究方法与技术的掌握、使用上尚缺乏基础，比较生疏，虽然在研究过程中反复讨论、精心设计，虽然也邀请心理学和统计学等学科的专业人员全程参与指导和提供帮助，但终因我们自身功力不足，深感力不能逮。如何充分利用实证调查的方法和所得数据信息引发更深度的分析，如何发挥实证研究的优势，拓展和升华理论思考，都尚待解决得更好一些。我们诚恳祈求读者批评，不吝赐教。当然，我们更希望人们有兴趣、有能力继续对现有数据做新的开发性研究，以推动道德价值观研究之学术进步。

课题组全体人员为研究的顺利开展付出了艰辛的劳动。这一初次尝试，既是研究目标和任务的规定，更是我们自身学习和长进的过程，课题组内除我之外的中青年学者和博士生们为自己在德育研究方法、手段的学习与掌握上获得很大进步而兴奋。

本研究得到了多方面的大力支持和热情帮助：有中央教育科学研究所（现中国教育科学研究院）、联合国教科文组织国际农村教育研究与培训中心、教育部职业教育研究所、首都师范大学初等教育学院、中央财经大学公民道德与思想政治教育研究中心等多家学术科研机构的大力支持，也有抽样地区教育主管行政部门、样本学校领导和老师们的热情参与，还有如教育部职业教育研究所余祖光所长、陕西省教育厅吕明凯副厅长、安徽省黄山市陶行知研究会陈平主任、浙江省教育科学院王健敏研究员等同仁的热情帮助。本丛书能够顺利出版，还要感谢教育科学出版社李东总编、理论研究室刘明堂主任的大力支持，以及责任编辑同志的细致工作。在此谨向各位表示诚挚的感谢！

朱小蔓
2012年12月

目 录

第一章 绪论 1
　　第一节　对价值、价值观、价值观教育概念的梳理　3
　　第二节　中外价值观教育比较　8
　　第三节　国内道德价值观研究综述　16
　　第四节　本课题研究的基本情况　21

第二章 小学生爱的价值观 32
　　第一节　小学生爱的价值观的描述性分析　33
　　第二节　小学生爱的价值观的影响因素分析　39
　　第三节　基本结论、讨论与建议　49

第三章 小学生的规则价值观 51
　　第一节　小学生规则价值观的描述性分析　51
　　第二节　小学生规则价值观的影响因素分析　54

第三节　基本结论、讨论与建议　65

第四章　小学生的尊重价值观　70
第一节　小学生尊重价值观的描述性分析　71
第二节　小学生尊重价值观的影响因素分析　74
第三节　基本结论、讨论与建议　85

第五章　小学生的责任价值观　90
第一节　小学生责任价值观的描述性分析　91
第二节　小学生责任价值观的影响因素分析　94
第三节　基本结论、讨论与建议　107

第六章　小学生的公正价值观　112
第一节　小学生公正价值观的描述性分析　113
第二节　小学生公正价值观的影响因素分析　115
第三节　基本结论、讨论与建议　124

第七章　小学生的宽容价值观　128
第一节　小学生宽容价值观的描述性分析　129
第二节　小学生宽容价值观的影响因素分析　131
第三节　基本结论、讨论与建议　138

第八章　小学生的合作价值观　141
第一节　小学生合作价值观的描述性分析　142
第二节　小学生合作价值观的影响因素分析　143
第三节　基本结论、讨论与建议　145

目录

第九章 小学生的生命道德价值观 149
第一节 小学生生命道德价值观的描述性分析 149
第二节 小学生生命道德价值观的影响因素分析 156
第三节 基本结论、讨论与建议 186

第十章 当代小学生道德价值观状况及其教育思考 194
第一节 当代小学生道德价值观的基本状况 195
第二节 当代小学生道德价值观的影响因素分析 199
第三节 当代小学生道德价值观教育的侧重点 202
第四节 学校开展小学生道德价值观教育的策略 207

附录 小学生学习与生活状况调查问卷 212

后记 220

第一章

绪　　论

在我国，伴随着改革开放和社会主义市场经济的发展，价值观及价值观教育的受重视程度与日俱增。2000年后，价值观与人生观、世界观相提并论，统称为"三观"，成为我国基础教育改革和发展所追求的目标之一。近年来，对价值观及价值观教育的有关研究文献也越来越多。

从时间序列上来看，我国关于价值观教育的研究是从批判到建构、从部分到整体进行的，既有理论取向的研究，也有实践取向的研究。当前，我国学者主要是对相关的价值观教育实践进行理论研究。以"价值观教育"为检索词在中国知网上可检索到1322篇期刊文章（截至2010年8月）。我们根据价值观教育的发展历程，选取《教育研究》、《教育导刊》、《教育理论与实践》、《教学与研究》、《教师教育研究》等国内主要的教育学术期刊25种，分析与价值观教育相关的文章，并结合相关的硕士及博士论文内容，对价值观教育的概念、内容、方法和途径等进行述评。

20世纪90年代初，基于特定的社会历史背景，出现了以人生价值观教育为主题的研究，如1991年罗国杰和张志义在《教学与研究》杂志上发表的文章，主张要把对青年的人生价值观教育提高到坚持社会主义、反和平演变的战略高度来认识，特别强调青年时代是人生价值观形成的关键时期，要通过教育消除资产阶级自由化思潮对他们的腐蚀和影响。之后又有学者提出"德育中的价值观教育"主题，认为价值观教育在德育中居于核心地位。还有学者在借鉴西方价值观教育模式的基础之上对价值观教育的模式进行了阐述。与此同时，学术界出现了对"道德价值观"的研究。

1995年后，研究的内容主要集中在大学生价值观教育和如何建立社会主义市场经济价值观的讨论上，讨论的主题也更加具体，如大学生的金钱观、价值观教育的实效性等方面。还有学者在前期研究的基础上，从我国社会转型期的价值冲突入手，揭示青少年"价值失范"现象，并提出了处理一元价值和多元价值、工具价值和理性价值、个人价值和社会价值的关系问题。①

2000年2月，江泽民主席在关于教育问题的谈话中讲道："要加强对青少年学生进行爱国主义、集体主义、社会主义的思想教育，帮助他们树立正确的世界观、人生观、价值观"。这是国家领导人在重要谈话中首次提出价值观及其教育问题，并把价值观放在世界观、人生观之后，将"三观"并列起来。这可以看作我国价值观教育确立的标志。②

在此之后的10年中，有关价值观教育的研究与日俱增，在中国知网上能搜索到1084篇相关文章。研究内容进一步拓宽，涉及价值观教育的概念、内容、策略探索等方面；研究对象更加具体，在关注大学生价值观教育的同时也更重视中小学生的价值观教育。学者们往往从教育实践中的具体问题出发对价值观教育进行深层的反思，并且对国外特别是美国的价值观教育方法进行了更深入的研究。

此外，越来越多的一线教师对自己的教育经验进行了总结。研究方法和视角呈现出多样化的趋势，在问卷调查、访谈基础之上进行的研究增多，学者们从哲学、社会学、心理学等视角对价值观教育问题进行了更深入的研究。

---

① 李明汉. 社会转型期青少年价值观的教育[J]. 教育导刊, 1996 (Z2).
② 蓝维, 夏飞. 价值观教育的确立与发展：价值观教育30年的历史回顾[J]. 中国德育, 2008 (12).

第一章 绪 论

第一节 对价值、价值观、价值观教育概念的梳理

一、价值

我国学术界对价值问题的探讨始于20世纪80年代初。在价值本质的界定上，形成了一些较有影响的定义，如李德顺、李连科、袁贵仁、张岱年等给出的界定。① 张岱年认为，价值的意义有三个层次：一是客体满足主体的需要，凡是能满足主体需要的，即有价值的；二是对于需要的评价；三是需要主体本身的价值。② "价值的基本含义是能满足一定的需要，这是功用价值；它的更深层含义是其本身具有优异的特性，这是内在价值……人本身、生命本身，不但在一定条件下可以具有功用价值，而且具有内在价值。"③ 有学者从价值哲学的研究思路展开分析，认为这些定义局限于认识论模式，不能全面反映出由众多存在者所构成的这一交互关联、互相依存的世界的复杂性，指出物与物之间，尤其是不同类型、不同层次的主体与主体之间都存在着丰富而复杂的主体间价值关系④，于是立足哲学生存论探寻价值的本质，认为不是所有的需要都具有价值，凡是为人生存和发展提供满足之物均有价值。⑤

赵汀阳认为，价值可以分为关系型和自足型两类。在关系型中，某一事物是有价值的，当且仅当它满足某种主观需求或约定规范。在自足型中，某一事物是有价值的，当且仅当它能实现其自身的目的。在这两种类型中，自足型更重要，因为几乎所有永恒性价值都属于自足型，而关系型的价值总是消费性的、不确定的。⑥

---

① 对这些学者的观点的梳理可参阅：吴亚林. 价值与教育 [M]. 北京：北京师范大学出版社，2009.
② 张岱年. 论价值的层次 [J]. 中国社会科学，1990 (3).
③ 张岱年. 论价值和价值观 [J]. 中国社会科学院研究生院学报，1992 (6).
④ 邹诗鹏. 生存论研究 [M]. 上海：上海人民出版社，2005：460.
⑤ 吴亚林. 价值与教育 [M]. 北京：北京师范大学出版社，2009：67.
⑥ 赵汀阳. 论可能生活 [M]. 北京：生活·读书·新知三联书店，1994：19.

香港中文大学郑汉文认为："某被认为有价值的物事（价品），因应追问为何值得欲求时而可有三种答法（理由），因而呈现其价值性质（价值性格）以及对此证明的价值观：工具价值、内在价值、构成价值。工具价值是指某价品之值得欲求是因为价品是为达成另一目的（价值）之有效（但可被替代）的手段、途径、工具，例如：用具、金钱、手段；内在价值是指某物事之所以值得欲求是因为该物事本身（有其性质使）之可欲，例如：真、善、美；构成价值是指某价品之值得欲求是因为该价品是为构成另一个整体（价值）的必要（即不可被替代）的部分，例如，规、律、自由。同一物事（价品）可以同时有多于一项值得欲求的答法（理由）、价值性质。例如：生命可以有用、生命又是神圣的、生命也可以构成大我中的小我。"①

综上可见，价值具有多层含义，对价值多层次含义的表述虽不相同，但有两方面是共同的。一是价值存在于主客关系中，具有满足主体需要的性质（如"关系型"、"工具价值"）；二是价值存在于自身性质之中，价值主体本身具有价值（如"自足型"、"内在价值"），是价值主体本身的性质使然，而且更为重要。可见，无论有怎样的价值认识与理解，这两方面是不可或缺的。对价值的理解不能仅仅局限于关系型，即满足主体需要的价值或工具价值，而应关注自足型，即主体本身的价值或内在价值。②

再有，石中英强调价值的另一含义，即不是与客体本身属性直接相关，而是与主体的行为直接有关，是支配和引导主体行为的重要因素，可以称之为"人的价值"或"主体的价值"。在此意义上，"价值"即指人们——个体或群体——在行动时所应该坚持和体现的正确的原则，同时也是人们评价其他人行为"好坏"、"对错"或"高尚与低俗"的重要标准。③

二、价值观

根据不同文献中对价值观概念的界定，可按其中所强调的关键词将它们

---

① 此内容来源于郑汉文博士 2002 年 3 月 15 日有关"价值、态度、品质的（三重）分析"的一份讲稿。
② 刘慧. 基于生命特性的生命价值及其教育 [J]. 郑州大学学报：社会科学版，2011（3）.
③ 石中英. 关于当前我国中小学价值教育几个问题的思考 [J]. 人民教育，2010（8）.

分为两大类。

第一类强调价值观是一种观点、观念。不同的界定侧重点也有所不同。有些界定侧重于阐述观念的功能,如黄希庭认为价值观是人区分好坏、美丑、益损、正确与错误、符合或违背自己意愿等的观念系统,它通常是充满情感的,并为人的正当行为提供充分的理由。① 有些界定侧重于强调这种观念得以体现的条件和时机,如辛志勇将价值观界定为"人们在目标确立、手段选择、规则遵循方面所体现出来的观念,这种观念对个体或群体的行为具有导向作用"②。还有些界定则是从整体上对这种观念进行描述,以表明这种观念所包含的内容。如李德顺认为价值观是人们关于生活中基本价值的信念、信仰、理想等思想观念的总和,陈章龙、周莉认为"人们内心深处究竟相信什么、需要什么、坚持什么、追求什么,是价值观所特有的内容,普遍渗透在社会的政治、经济、道德和文化领域,以及个人生活的方方面面"③。《现代汉语词典》(第5版)则将价值观定义为人们对经济、政治、道德、金钱等所持有的总的看法。

第二类强调价值观是一种准则和尺度,以及这种准则和尺度的功能与体现条件。如,美国社会学家塔考克·帕森斯认为,价值观是"社会中人们一致接受的象征系统(文化系统)中的一个因素。它是社会里各种选择或行动目标的标准"④。我国一些学者的认识包括:"价值观是指在对客观事物或现象进行是或非、有意义或无意义、值得接纳或不值得接纳判断时所依据的一系列最基本的准则或尺度"⑤;"价值观是一种持久的信念、态度和情感,是人们判断事物价值,决定自己行为的标准和原则,是在社会交往中规范人们行为与活动的理论体系"⑥;价值观是指人们认识和评价客观事物与现象对自

---

① 黄希庭. 当代中国青年价值观研究 [M]. 北京:人民教育出版社,2005:5.
② 辛志勇,姜琨. 论青少年的价值观教育 [J]. 人民教育,2005 (18).
③ 陈章龙,周莉. 价值观研究 [M]. 南京:南京师范大学出版社,2004:3.
④ 朱永涛. 美国价值观——一个中国学者的探讨 [M]. 北京:外语教学与研究出版社,2002:8.
⑤ 中国社会科学院社会学所,中国社会科学院"中国青年价值观念演变课题组". 中国青年大透视——关于一代人的价值观演变研究 [M]. 北京:北京出版社,1993.
⑥ 李彩英. 美国学校道德教育初探 [J]. 首都师范大学学报:社会科学版,1995 (2).

身或社会的重要性时所持有的内部标准①；等等。

从价值观所包含的内容来看，国外价值观教育主要包括宗教价值观、道德价值观、公民价值观、家庭价值观以及工作价值观。我国学者对此也有多种论述，有学者根据人的不同活动领域进行分类，如黄希庭将价值观分为政治观、道德观、审美观、宗教观、职业观、婚恋观、自我观、人生观、幸福观、人际观等10类。刘济良在此基础上增加了生命价值观、科学价值观、环境价值观，以体现价值观应具有的时代性以及当代青少年身上显现出的新问题。

从关系的角度界定价值观内容体系的研究，主要围绕个人与自身、社会、国家等的关系进行探讨，如古人伏认为价值观的内容就个体而言，有勤劳、俭朴、自信，就个体与集体关系而言，有关心、尊重、合作、守信，就个体与社会关系而言，有正义、公平、公正、责任，就个体与国家关系而言，有忠诚、遵纪守法、义务、奉献，就个体与自然关系而言，有和谐、热爱生命等，就个体与外来文化关系而言，有宽容、接纳、尊重、欣赏、自重等。②

还有学者将价值观分为基础价值观、核心价值观、主流价值观、主导价值观等，并以此为基础形成价值观教育内容体系。如石海兵从基础性、主导性和辅助性内容三个方面阐述新时期青少年价值观教育的内容体系，其中基础性内容包括尊重和责任教育，主导性内容包括马克思主义信仰教育、为人民服务的价值观教育、集体主义价值观教育、爱国主义价值观教育，辅助性内容包括能力教育和情感教育。③

三、价值观教育

明确价值观教育的内涵是实施价值观教育的基础和前提。目前，我国教育学界对价值观教育的内涵并没有一个公认的定义，研究者的阐释主要可以

---

① 阴国恩，等. 大学生人生价值观的调查研究［J］. 天津市教科院学报，1999（5）.
② 古人伏，朱炜. 当代青少年的价值观冲突与教育［J］. 中国教育学刊，1998（2）.
③ 石海兵. 论新时期中国青年价值观教育的目标［J］. 陕西青年管理干部学院学报，2005（2）.

归纳为两类。一是从教育的定义出发，把价值观教育理解为一种活动，如："价值观教育是促进人的价值素质发展的高级社会活动"①；"价值观教育是指按照一定社会发展对青少年身心发展的要求，以社会主义主导价值观为核心内容，并在活动与实践基础上通过合作与交往、宽容与理解促进个体在观念和活动上都获得发展的教育"②。二是直接采用对价值观教育内容进行描述的方式来理解价值观教育的内涵，如："价值观教育是对受教育者的价值理论教育、价值观念培养、价值心理引导和价值活动调控，其中作为价值观念的理想信念教育是其核心"③；"价值观教育是用人文主义的价值取向，引导青少年用正确的价值标准来看待社会、人生以及自己的生活、生命，教育他们正确看待社会的作用和认识人生的意义，正确理解生命的价值，懂得关注自己的灵魂，形成自己坚定的信仰，具有健全的人文精神，养成自己的关爱情怀，学会过现代文明生活"④。

国外对价值观教育的理解比较明确，主要有三个层面。一是把价值观教育视为一个过程，在这个过程中给学生以价值观的启蒙，教给他们与人交往的相关规则性知识，促进他们掌握一些潜在的规则以及合理运用规则的能力，并且能够形成稳定的情意。二是把价值观教育视为一个综合性术语，包含道德教育、公民教育等，涉及不同的主题，如"品格教育"、"道德发展"、"宗教教育"、"精神发展"、"公民教育"、"个人发展"、"社会发展"以及"文化发展"等。三是把价值观教育视为一种发生在教育机构中的活动，在那里由一些年长的、有权威的、有经验的长者去帮助年轻人，详细地告诉他们相应行为中所蕴含的价值观念，同时评价他们的价值观念及行为，帮助他们获得更有效的价值观念和行为。这些机构包括学校、少年管教所以及自愿性青年组织机构等。⑤

---

① 王逢贤. 价值观教育及其在新世纪面临的挑战 [J]. 高等教育研究，2000 (5)：53－56.
② 裴娣娜. 中小学生生存的文化环境与价值观教育 [J]. 中国教育学刊，2005 (6)：22－24.
③ 李斌雄. 论知识教育、价值教育、思想政治教育 [J]. 思想教育研究，2001 (6)：20－25.
④ 刘济良. 价值观教育 [M]. 北京：教育科学出版社，2007：2.
⑤ http://en.wikipedia.org/wiki/Values_education#cite_note-28.

第二节 中外价值观教育比较

价值观问题是中小学生发展的首要问题。尤其是处在今天这样一个多元的时代，如何帮助中小学生形成正确的价值观，已成为世界各国教育普遍关注的重要问题。对此，中外学者已有许多研究。本书试图通过梳理相关研究，比较国内外中小学生价值观教育的内涵、目标、内容、方法、实施途径等方面的异同，以期为我国中小学生价值观教育带来启示与借鉴。

一、价值观教育目标与内容的比较

（一）价值观教育目标

关于价值观教育目标，因国情不同，国内外制定的依据、侧重点、具体指向都有所不同。我国价值观教育目标充分体现了党和国家在不同发展阶段的政治主张，并随着时代的发展从单一目标扩展为多层次的目标体系。新中国成立后，价值观教育目标主要强调以共产主义价值观为核心的政治价值观教育。改革开放以来，学校价值观教育目标逐渐分层，主要依据我国所倡导价值观本身的不同性质以及不同年龄阶段学生身心发展的特点，形成基础性、发展性、理想性三个层面。基础性目标主要强调良好的公民意识培养，发展性目标主要是培养学生爱国主义、集体主义、社会主义的价值观，理想性目标主要是培养学生的共产主义价值观，即全心全意为人民服务的公仆精神、大公无私的奉献精神以及严于律己的自律精神等。[①]

国外价值观教育的目标主要取决于价值观教育的倡导者。如宗教人员倡导的价值观教育就希望传授其特定的价值体系。但总的来说，人们越来越意识到价值观教育的潜在目的就是如何帮助人们对自己的行为更加负责，而不

---

① 余保华. 我国学校价值观教育：内涵、目标与原则 [J]. 天津市教科院学报，2007（5）：5-8.

是灌输一种既定的价值体系。①

（二）价值观教育内容

价值观教育的内容，由于中外文化背景的不同而不尽相同。目前我国的价值观教育是以国家重大政策及中华民族优秀传统为准绳，如社会主义荣辱观、以人为本、勤劳、俭朴、自信、忠诚、奉献等。国外的价值观教育更注重个人的自由，同时国家从整体上也会进行相关掌控。

从价值观分类的角度看，我国价值观教育内容包括如下方面。一是依据人的不同活动领域所关涉的价值观来分类，如西南师范大学黄希庭教授将价值观分为政治观、道德观、审美观、宗教观、职业观、婚恋观、自我观、人生观、幸福观、人际观等10类，在此基础上，有学者又增加了生命价值观、科学价值观、消费价值观以及环境价值观教育。二是依据社会所主张或倡导的价值观的层次来分类，主要有基础价值观、核心价值观、主流价值观、主导价值观等。

从国外价值观教育分类的角度看，其价值观教育的内容主要包括宗教价值观（Religious values）、道德价值观（Moral values）、公民价值观（Civic values）、家庭价值观（Family values）以及工作价值观（Work values）。德国教育家斯普兰格则提出了理论、审美、经济、政治、社会、宗教等六方面价值观教育的内容。另外，依据教育方式与教育目标，价值观教育又包括外显和内隐两部分，在外显的价值观教育中，教师们运用不同的教授法以及教育项目，使学生在接触价值问题时能够形成相关的学习经验。而内隐的价值观教育，则主要注重外显的价值观教育产生的学习经验所造成的影响。②

从价值观教育的具体内容看，我国价值观教育的内容体系因一些学者的研究角度不同而有不同的概括。依据不同特点可以将其归为两类，一是以社会主义主导价值观为主，兼顾基础性价值观与时代性价值观教育内容。如有学者从基础性内容、主导性内容和辅助性内容三个方面阐述新时期青少年价值观教育的内容体系，其中基础性内容包括尊重和责任教育，主导性内容包

---

①② http://en.wikipedia.org/wiki/Values_education#cite_note-28.

括马克思主义信仰教育、为人民服务的价值观教育、集体主义价值观教育、爱国主义价值观教育，辅助性内容包括能力教育和情感教育。① 还有学者提出价值观教育内容应将精英标准与底线标准相结合、民族精神和时代精神相结合：既强调如实现中华民族伟大复兴的共同理想和坚定信念等价值理想、价值信念的教育，也强调个体基本素质、价值规范的养成及爱国主义等方面的公民教育内容；既强调中华民族传统文化中的一些积极进步的理念，中国近现代革命以及新中国成立以来中华民族所倡导的勇敢进取、自强不息、自力更生、勤俭、平等的精神，也注重与时俱进的价值观教育，如竞争、效益、风险、敢于探索、勇于创新等适应市场经济的观念教育，两性平等及尊重儿童、特殊群体、个性化群体、弱势群体等观念教育，以及保护自然环境、正当消费、科学技术和人文精神并重等观念教育。② 二是围绕一定关系而提出的价值观教育的内容体系。如古人伏等认为价值观的内容，就个体而言有勤劳、俭朴、自信，就个体与集体关系而言有关心、尊重、合作、守信，就个体与社会关系而言有正义、公平、公正、责任，就个体与国家关系而言有忠诚、遵纪守法、义务、奉献，就个体与自然关系而言有和谐、热爱生命等，就个体与外来文化关系而言有宽容、接纳、尊重、欣赏、自重等。

有关国外价值观教育的具体内容，在此通过美国、英国、澳大利亚3个国家的部分情况加以简要介绍。美国密歇根州立大学政法系教授雅各比提出以下4种比较重要的价值观：自由（Liberty）、公正（Equality）、经济安全（Economic Security）、社会秩序（Social Order）。同时，美国也很重视多元文化（diversity and multiculturalism）、和平与冲突（peace and conflict resolution）、男女平等（gender equity）等问题。③ 英国十分注重价值观教育，尤其是生活价值观教育（Living Values Education）。沃里克宗教与教育研究小组（Warwick Religions and Education Research Unit，WRERU）在2005年的一份报告中提出了12种生活价值观，包括和平（peace）、尊重（respect）、爱

---

① 石海兵. 青年价值观教育研究 [M]. 合肥：安徽人民出版社，2007（7）：162-175，178-205.

② 辛志勇，姜琨. 论青少年的价值观教育 [J]. 人民教育，2005（18）：5-9.

③ Jacoby W G. Value Choices and American Public Opinion [J]. American Journal of Political Science，2006（6）：710.

(love)、宽容（tolerance）、诚实（honesty）、谦逊（humility）、合作（co-operation）、责任（responsibility）、幸福（happiness）、自由（freedom）、简朴（simplicity）和团结（unity）。同时提出5种人类价值观，包括爱（love）、真理（truth）、和平（peace）、正当行为（right conduct）、非暴力（non-violence）。2002年7月，澳大利亚联邦教育、科学与培训部部长布兰登·尼尔森博士进行了一项名为"价值观教育研究"的调查，提出学校应当向学生传授的价值观有10种，即责任、尊重、诚实、宽容、平等、自由、同情、幸福、卓越、和平，学校和社区的共同价值观包括10个方面，即忍耐与理解、尊重、责任、社会正义、追求卓越、关心、包容与信任、诚实、自由、遵循伦理道德。

二、价值观教育方法与途径的比较

（一）价值观教育方法

我国价值观教育的方法可以归为三类。一是传统的教育方法，如说理教育法、情感熏陶法（或称陶冶教育法）、实践教育法、自我教育法（或称自我修养法）、典型教育法（或称榜样示范法）等。二是借鉴自国外的价值观教育方法，如无意识教育法、网络教育法、价值澄清法、两难故事法、角色扮演法、社会行动法。① 三是随着时代发展和教育理念更新出现的一些新的教育模式，如生命叙事模式、生态体验教育模式、赏识教育模式、挫折教育模式等②所内含的相应的教育方法，如生命叙事法、生态体验法等。

国外价值观教育的方法大体上也分为三类，一是人格品质教育理论指导下的教育方法，具体包括直接的教育和专门的学习计划、课本及各种作品中故事的运用、集体礼拜、哲学思维能力的提高等。二是认知理论基础上的教育方法，具体包括价值澄清法、道德发展阶段论、讨论法、公正团体法、班级规则的形成和讨论等。三是关怀主义基础上的教育方法，具体包括圆桌时

---

① 刘济良. 价值观教育［M］. 北京：教育科学出版社，2007：211–249.
② 朱小蔓. 情感教育论纲［M］. 北京：人民出版社，2007：193–223.

间、课外活动、个人故事的叙述等。还有一些其他的具体方法和技术，如角色扮演、戏剧演出、模拟议会、教育性游戏、模拟练习、实践行动、合作学习、任务活动、小组活动、学生导向的研究、问题解决、批评性推理和主题日等。①

（二）价值观教育途径

中小学价值观教育的途径，国内外比较相似，基本上都是通过学校教育、家庭教育、社会教育三条途径。在我国，学校教育是主渠道，主要通过改革传统的德育模式，在学科教学中体现价值观教育，注重校园文化建设，"建立青少年团校，开展生动活泼、丰富多彩的活动"，"建立有利于青少年儿童健康成长的计算机网络"等来实现。② 同时注重家庭环境建设，发挥社会教育的作用，为学生价值观塑造提供良好的家庭氛围，构筑良好的社会环境。强调社会、家庭、学校应明确各自的责任，发挥各自的优势，以形成整体的教育效益。

国外中小学价值观教育的途径主要集中在这样几个方面。一是学校设置相关的课程实施价值观教育，如品格教育、道德教育、公民教育、宗教教育等，专门对中小学生进行价值观教育。二是将价值观教育贯穿在各种学科课程中实施，主要是通过不同的学科，如数学、科学等课程，运用渗透的方式或课堂活动的方式对学生进行价值观教育。三是通过环境的熏陶进行价值观教育。主要通过学校的相关环境，如校风、学校的政策、教师榜样、学生委员会、规章和纪律等方面进行教育。同时也强调家庭和社会要创设相应的有利环境对学生进行价值观教育。

三、价值观教育计划

从我们所了解的资料看，目前国内还鲜有专门的价值观教育计划，而国

---

① 辛志勇，金盛华. 西方学校价值观教育方法的发展及其启示 [J]. 课程·教材·教法，2002 (4)：27 - 31.

② 尤克勤. 与时俱进，有的放矢，加强青少年儿童人生观、价值观教育 [J]. 天津教育，2003 (6)：21 - 22.

外则有一些比较重要的、基于学校的跨国价值观教育计划。在此主要介绍以下几项。

（一）生活价值观教育计划（Living Values Education Programme，LVEP）

该计划始于1995年，是在布拉马·库马里斯世界精神大学（Brahma Kumaris World Spiritual University）的倡导下，在联合国教科文组织和联合国儿童基金会的支持下，为解决各种社会问题而提出的。计划中提出了12种核心价值观：合作、自由、幸福、诚实、谦虚、爱心、和平、尊重、责任、简朴、包容、团结。目前该计划在全世界74个国家开展，在7000多个地区实施。[①]这些价值观形成了一些学校的教育基础，世界上许多学校都开展了相关的教育，我国一些地区的学校也参与其中。

（二）沙迪亚·赛人类价值教育（Sathya Sai Education in Human Values，SSEHV）

该项目是由印度圣哲沙迪亚·赛巴巴发起的。主旨是让孩子们在学习成长的过程中，借由精心设计的教育课程，将真理、正义、和平、爱和非暴力等五大价值融入他们的生命中，使自己成为一个真正的人。最近，SSEHV已把名字改为"Educare"。一些研究者对其提出的五种价值观有所质疑，认为把这五种价值观确定为核心价值观还有待商榷。[②] 目前已有32个国家实施该计划，我国还没有实施。

（三）"世界和平"道德会考（World Peace Ethics Contest，World-PEC）

该项目是在法身基金会、法身寺及世界各地的修行中心与国际佛学社的合作之下举办的，主要目的是实现世界和平。该项目于1982年在泰国开始实

---

① 韩芳，李维喆. 跨越国界的《生活价值观教育计划》[J]. 上海教育科研，2007（6）：50 - 53.

② http://en.wikipedia.org/wiki/Values_education#cite_note-28.

施，每年进行一次价值观测验，目的是促进不同种族、不同信仰学生的道德发展达到更高水平。项目的推进是基于课本的，在课本中提到了38种关于"吉祥经"（佛教的一种经文）的价值观。1982年，该项目的参与者有382人，到1998年，参与者增加到4732291人。目前有来自60个不同国家和地区的人报考，全世界共有147个考试中心，凡使用泰语、英语、汉语、日语、寮语、印尼语、马来西亚语、西班牙语、葡萄牙语、阿拉伯语者均可报考。竞赛的获胜者将会得到国际机构颁发的奖章。除此之外，还会得到相应的奖金和资格证。我国也参与了该计划。①

（四）佩恩弹性计划（Penn Resiliency Project，PRP）

该项目是由宾夕法尼亚大学积极心理研究中心设计的一种基于学校的课程计划，教学对象是小学高年级学生和初中生。计划的目的是帮助学生提高认知与行为能力以及解决社会问题的能力，主要是提高学生的思维能力，帮助他们应对日常的挑战和困难。目前，对于该计划许多教育学家提出质疑，认为计划中提到的教育内容不一定与价值观教育有关，所以还需进一步完善。② 该计划在美国和英国的一些学校实施，我国没有加入其中。

四、启示与展望

重视中小学的价值观教育是当今世界各国教育的共同趋势。这既是时代的产物，也是时代发展的需要。比较我国与其他一些国家中小学价值观教育的具体内容，可以得出以下几点启示。

其一，价值观教育的研究需要加强。总的来说，国内外关于价值观教育的研究都在不断增多。相对而言，国外价值观教育研究比较深入，研究成果规范、系统，而我国对价值观教育的研究比较薄弱，价值观教育的内涵、价值观教育与道德教育的关系等一些基本问题需要进一步厘清，各学段价值观教育的主要目标与内容及其衔接等问题需要明确，并达成共识。为此，我们

---

① http://www.buddhanet.idv.tw/aspboard/dispbbs.asp? boardid=4&ID=15025.
② http://en.wikipedia.org/wiki/Values_education#cite_note-28.

既要借鉴国外的研究成果，又要根据本国实际情况探讨出一套适合我国国情的中小学价值观教育体系，以便有效地指导中小学价值观教育实践。

其二，中小学价值观教育内容应侧重道德价值观教育。在价值观教育的内容上，虽然各国的提法不同，但其实质主要体现为道德价值观的教育。这是与价值观教育的要旨、中小学生生命成长阶段及其规律相适应的，我国中小学价值观教育也应围绕这一侧重点进行。有关道德价值观教育的具体内容，立足于当代以及人类社会的发展趋势，融合古今中外价值观教育的主要内容，可以归为三类：一类是基础性的，如爱（包括孝、同情、感恩）、诚实、勤劳、节俭、利他（包括助人）、自尊（包括羞耻）等；一类是需要理智、意志的，如爱国、责任、自律、守信、奉献（包括志愿、公益）等；一类是时代性的，如规则、尊重、宽容、公正、和平、合作、可持续性（包括环保、生态）、生命等。[①] 我国中小学道德价值观教育，应根据各学段学生的特性开展相应内容的教育。

其三，中小学价值观教育的力度需要加大。尽管伴随着我国素质教育的推动与深入，中小学德育工作不断得到加强，但受"应试教育"等因素的影响，中小学道德价值观教育并没有得到应有的重视。有关中小学价值观教育的一些方法与途径还处在"应然"的、理论的层面上，还没有进入实践操作之中。所以加大中小学价值观教育的力度是十分必要的，在其过程中，可以实践与检验我国学者提出的价值观教育的方法与途径的有效性，借鉴国外的做法，探索并形成富有实效的价值观教育方法与途径。同时借鉴国外价值观教育计划的形式，推动与深化我国中小学价值观教育。从前对国外价值观教育计划的分析可见，国外有很多专门的价值观教育机构与组织，这很有利于推动中小学价值观教育的开展与深入。虽然我国已有一些地区或学校参与其中，但缺乏我们自己的类似的机构与组织。我国应该借鉴这样的形式，在国家、区域或地方等不同层面上组织价值观教育专项工作计划，即成立专门的研究机构、研究小组，设计专门的教育计划，不断推动与深化中小学价值观

---

① 2009年5月27日，在中央教育科学研究所召开的国家社会科学基金2007年度教育学重点课题"社会变革时期青少年思想道德发展的新情况与对策研究"研讨会上，朱小蔓教授率领其学术团队经集体讨论达成的共识。

教育的实践与研究。

价值观教育的研究是一个不断深化的过程。首先,要加强价值观教育的基本理论建设。在量化研究方面,应根据时代发展特点和学生的身心特点编制出适合我国国情的问卷和量表。其次,要扩大研究范围,加强针对性,并注重对中小学生价值观及其教育的研究。此外,教师也应成为研究者,在教育实践中对价值观教育的方法进行探索。

第三节 国内道德价值观研究综述

近年来,随着人们对道德价值观的逐渐关注,关于道德价值观的研究也逐渐增多。本书试图在已有综述研究的基础上,对国内道德价值观的研究,从道德价值观的定义、研究对象、研究方法以及研究内容等方面作进一步梳理,以期能够较为完整地认识当前道德价值观的研究现状。

一、有关道德价值观定义的研究

当前,国内学者对道德价值观的理解不尽相同,且尚未形成统一的意见。其中,明确对"道德价值观"进行界定的主要代表人物有黄希庭、张进辅、李红,他们认为道德价值观是主体根据自己道德需要对各种社会现象是否具有道德价值作出判断时所持有的内在尺度,是个体坚信不疑的各种道德规范所构成的道德信念的总和。[1] 李伯黍认为道德价值观就是道德信念,道德信念本身蕴含着价值的意义。当一个人愿意接受某一事物时,他必然对这一事物作出过估量,赋予它一定的价值。同样地,当一个人愿意接受某一社会道德规范时,说明他已赋予这一道德规范一定的价值,以至外部的道德规范内化为个体的道德价值观念。[2] 此外,还有人认为道德价值观是人们对主体人

---

[1] 黄希庭,张进辅,李红,等. 当代青年价值观与教育[M]. 成都:四川教育出版社,1994.
[2] 温艳玲. 中国道德价值观发展研究综述[J]. 文山师范高等专科学校学报,2003(9).

与客观事物特别是人与人之间相互关系的意义的评价。① 不过,从已有研究来看,黄希庭、张进辅、李红提出的关于道德价值观的界定得到了学界的广泛认可,多数研究都采用这一观点。②

二、有关道德价值观研究对象和研究方法的分析

(一) 道德价值观的研究对象

从1990年以来国内有关道德价值观的研究文献来看,研究对象主要集中于大学生、研究生、中学生、小学生以及教师等。从研究数量来看,绝大部分研究集中在对大学生道德价值观的研究上,对研究生道德价值观的研究也比较多。相比之下,对中学生和小学生的道德价值观研究则比较少,而对于其他人群的道德价值观研究就更是凤毛麟角。从地域分布情况来看,很多研究对象,无论是大学生,还是中小学生,研究所选择的样本多在城市,而对广大农村群体的道德价值观关注很少(如对农村青年的道德价值观进行调查研究③)。也有研究者选择特定地区进行研究,如对云南地区的中学生道德价值观进行相关调查研究④,对西南地区师生的道德价值观进行相关研究⑤。此外,还有的研究者对不同地区人们的道德价值观进行了比较研究,如对东、西部大学生的道德价值观进行比较分析。⑥

(二) 道德价值观的研究方法

已有道德价值观研究所使用的研究方法,主要可分为三种类型:第一种是

---

① 张荆. 当代青年的道德价值观 [J]. 青年研究,1990 (1).
② 周萍. 云南中学生道德价值观现状、特点的调查分析报告 [J]. 昆明师范高等专科学校学报,2001 (6);陈英敏,余净植. 当代农村青年道德价值观的调查 [J]. 青少年研究,2001 (1);万晓红. 青少年道德价值观的探索性研究 [D]. 重庆:西南师范大学,2003.
③ 陈英敏,余净植. 当代农村青年道德价值观的调查 [J]. 青少年研究,2001 (1).
④ 周萍. 云南中学生道德价值观现状、特点的调查分析报告 [J]. 昆明师范高等专科学校学报,2001 (6).
⑤ 陈小容. 西南地区师生道德价值观调查研究:兼与全国师生道德价值观的比较 [J]. 教育科学研究,2006 (6).
⑥ 罗石,杨汉宁. 东西部大学生道德价值观比较分析 [J]. 高教探索,2004 (2).

理论思辨,即主要采用理论思辨的形式去探讨道德价值观的意义;第二种是问卷调查,即主要采用问卷调查的方法研究不同人群道德价值观的现状,并对该现状进行分析;第三种是采用实验的方法,测量、分析道德价值观的现状和影响因素。从三种方法的使用情况来看,第一、第二种居多,而第三种则较少。

采用理论思辨的形式探讨道德价值观的研究,更多的是站在价值判断的角度建构道德价值观的意义,反思当前的道德价值观现状。但该种方法的不足是缺乏有力的数据支持。采用问卷调查形式最多的研究是考察当前道德价值观现状,问卷多是根据研究的需要,通过对道德价值观结构的成熟研究编制而成。如,道德价值观的"取向结构"被很多研究者用作编制问卷的依据。但通过对已有研究的分析,我们也发现一些自编问卷在效度上很难衡量一个人的道德价值观的真实水平。因为在作答问卷时,调查对象出于维护自尊的需要会自觉不自觉地进行掩饰。此外,一些自编问卷的表面效度太高,也会使得研究的效度大为下降。一些调查研究中显示的"言行不一致"现象也可说明这一点。从现有研究来看,实验和测验的方法是一种较为有效的研究方法,也是国外研究道德和道德价值观的主要方法。实验法和测验法大都有严格的逻辑体系、科学的操作步骤、精密的统计检验,但其缺点是操作难度较大,研究的投入比较大。而国外对于这方面的研究已经形成了一套比较有效的研究方法和工具,如科尔伯格的"道德两难故事"研究、莱斯特的确定问题测验等。这些研究方法已被证明对研究道德价值观具有良好的效度。我国也有学者采用实验的方法来研究道德价值观,如有学者采用实验的方法探讨了小学生高年级道德价值观发展状况及其教育方法。

三、有关道德价值观的研究内容

从已有道德价值观的研究内容来看,大部分研究者关注的是道德价值观的现状,即调查当前道德价值观的现实内容和发展情况。主要包括以下几个方面。

一是从人的关系角度研究当代青少年的道德价值观现状,如从社会本位与个人本位的关系、进取性倾向和协调性倾向入手,探讨当代青年的道德价值观。① 从个人取向与社会取向中的个人与国家、个人与集体、个人与他人、个人与自然、个人与自我五种道德关系，研究中学生的道德价值取向。② 从中学生对"人与社会"、"人与自己"、"人与他人"、"工作与学习"、"进取与保守"、"人格特质"、"道德生活目标"所持的态度与看法等方面，对中学生的道德价值观进行相关研究。③

二是从道德价值的构成要素角度研究学生、教师的道德价值观状况，如，有学者从道德价值目标、道德价值动机、道德价值手段和道德价值效果四方面，对高职院校学生进行道德价值观的调查研究。④ 有学者从道德价值判断和道德现实评价两个方面，对西南地区师生的道德价值观进行研究。⑤ 还有学者对研究生的道德人格、道德评价、道义与功利和道德原则进行了探讨。⑥

三是对道德价值观结构的研究。一些学者关注道德价值观的结构，如李红对道德价值观的结构及其教育模式进行研究，认为道德价值观存在表层结构、中层结构、深层结构和取向结构，每一层次的道德价值观都有相应的成分与之对应。⑦ 兰刚根据李红的结构模式对大学生道德价值观的表层结构进行了实证研究，对大学生的道德目标价值观、道德动机价值观、道德手段价值观和道德效果价值观的状况进行了深入的分析。⑧

四是对道德价值观影响因素的研究。此类研究大多集中于道德价值观现状成因的探讨，如有学者指出利益导向机制缺失、公正调节机制缺乏、宣传教育误导三方面原因，导致当前研究生群体认为集体主义道德原则在现实中

---

① 张荆. 当代青年的道德价值观 [J]. 青年研究，1990 (1).
② 刘恩允. 中学生道德价值取向调查分析与教育建议 [J]. 山东师范大学学报：社会科学版，1999 (4).
③ 周萍. 云南中学生道德价值观现状、特点的调查分析报告 [J]. 昆明师范高等专科学校学报，2001 (6).
④ 李晓冉，刘青果，靳桂龙. 高职院校学生道德价值观现状调查分析与启示 [J]. 山东水利职业学院院刊，2009 (3).
⑤ 陈小容. 西南地区师生道德价值观调查研究：兼与全国师生道德价值观的比较 [J]. 教育科学研究，2006 (6).
⑥ 许克毅，谢茂华. 当代研究生道德价值观实证研究 [J]. 西北大学学报：哲学社会科学版，2001 (8).
⑦ 李红. 道德价值观的结构及其教育模式 [J]. 教育研究，1994 (10).
⑧ 兰刚. 大学生道德价值观表层结构研究 [J]. 青年研究，1996 (9).

行不通。① 有学者从科学理论被曲解所带来的影响、片面思维的影响、大学生自身认识的缺陷、社会失范现象的负面影响、西方文化思潮的冲击、家庭教育的熏陶、社会奖惩机制不利七个角度，分析了当前大学生道德价值观存在问题的原因。② 有学者从大学班级德育功能弱化、社会价值观和社会风气变化、大学德育考评变异的影响三个方面，分析了造成当前大学生道德价值观不良现状的原因。③

还有的学者分析了当前对道德价值观影响较大的媒体因素，探讨其对道德价值观现状的影响。如有学者对贵州省五所高校大学生的问卷调查，探讨了大众传播媒介对大学生的道德价值观的影响，调查表明当代大学生接触媒体越来越频繁，越来越密切，以网络为主的大众媒介对当代大学生的道德价值观产生了巨大的影响。④ 还有学者从正反两方面探讨了博客对道德价值观的影响。⑤

五是对道德教育方法的研究。如有学者指出，在道德价值观的教育方法中，价值分析最有效，榜样与替代性奖励相结合的方法次之，再次是角色扮演。在角色差异方面，榜样与替代性奖励相结合的方法没有性别差异，而价值分析较适合男生，角色扮演更适合女生。⑥

四、思考

通过上述分析可见，重视对道德价值观的研究已是时代发展的趋势，总的来说，国内关于道德价值观的研究正在不断丰富，但目前的研究还比较薄弱，需要进一步加强。

---

① 许克毅，谢茂华. 当代研究生道德价值观实证研究 [J]. 西北大学学报：哲学社会科学版，2001（8）.

② 项建英. 当前大学生道德价值观应解决的几个问题 [J]. 合肥工业大学学报：社会科学版，2001（12）.

③ 李伟. 当代大学生道德价值观发展的新趋势、根源与应对策略 [J]. 菏泽学院学报，2009（1）.

④ 唐昆雄，杨斌. 大众传播媒介与当代大学生道德价值观教育浅探 [J]. 贵州师范大学学报：社会科学版，2008（2）.

⑤ 周筱芬. 博客对道德价值观的影响分析 [J]. 湘潭师范学院学报：社会科学版，2009（1）.

⑥ 刘丽，等. 小学生道德价值观发展与教育的实验研究 [J]. 心理科学，1996（5）.

其一，关于道德价值观的定义等一些基本问题需要进一步厘清。另外，关于研究对象的选取、研究方法的采用都需要进一步研究。可以说，对道德价值观研究方法的合理运用是决定研究成败的关键，只有运用合理、有效的方法才能真正挖掘出处于精神层面的道德价值观的真实面目。对于实验研究方法，国内需要多借鉴国外的一些行之有效的方法，进行深入、细致的研究。

其二，道德价值观的研究内容需要不断深入。目前，尽管关于道德价值观的研究已从不同维度展开，但研究内容还比较有限，所以需要不断明确道德价值观本身的结构，从本质出发探讨道德价值观的相关问题。从研究内容和研究结构之间的关系来看，研究结构在很大程度上为研究内容提供了研究的切入点和分析点，即研究者研究的内容是结构的内容，如"个人取向—社会取向"是道德价值观研究的"取向结构"，同时也是研究者研究道德价值观的切入点，研究者编制问卷、探讨问题都可以以这种取向结构为依托。研究内容的丰富深化了对道德价值观结构的研究，使得研究结构呈现出立体的、多层次的结构模型。

其三，加大对中小学生道德价值观的研究力度。中小学生正处在道德价值观形成的重要时期，从目前我国道德价值观的研究对象和内容来看，对于他们的关注还不够，对如何进行中小学生的道德价值观教育探讨得更少。所以加强对中小学生道德价值观的研究可以更好地促进中小学道德价值观教育的实施，促进中小学生道德价值观的发展。

第四节　本课题研究的基本情况

一、研究目的与意义

本课题全称为"社会变革时期小学生道德价值观教育研究"（课题批准号：AEA 070001-04），是国家社会科学基金2007年度教育学重点课题"社会变革时期青少年思想道德发展的新情况与对策研究"（课题批准号：AEA 070001）的子课题之一。本课题研究的选题意义与价值，在总课题的论证报告中有明确的阐述："进入21世纪，人类社会出现了许多新情况、新变化，文化碰撞、经济冲突、军事对抗更加深刻。中国日益开放，社会经济文化形势也更加复杂，网络、媒体技术飞速发展，对我国青少年的思想道德发展产生了巨大的影响。准确把握社会变革时期我国青少年思想道德发展的新情况，对于政府决策、开展有针对性的教育工作都具有重大意义。青少年是祖国的未来和希望，他们今天的思想道德状况将决定国家未来的命运。本课题将在科学把握社会变革时期中国社会发展特征和趋势的前提下，深入、全面调查现阶段我国青少年思想道德发展的新情况，分析全球化、市场化和网络化对他们产生的深刻影响，力图把握青少年价值观发展趋势，并研究其与国家主导价值观的偏离与符合程度。"

重视青少年价值观教育已成为世界各国的共识。我国自20世纪90年代初开始关注青少年价值观及道德价值观的教育。但考察已有研究可以发现：对青少年价值观状况及价值观教育的总体研究较多，针对小学生的研究很少；对未成年人思想道德教育的研究较多，针对道德价值观教育的研究相对较少；对价值观教育的理论研究较多，针对价值观教育实践的研究相对较少，针对小学生价值观教育的研究更少。本课题研究的目的在于通过问卷调查揭示与解释当代小学生道德价值观的状况，以丰富对小学生价值观的研究，为更好地开展小学生的价值观教育提供参考。

二、研究内容

确定社会变革时期小学生道德价值观调查的内容是本课题研究的一项重要工作。为此，本课题主要通过文献研究考察各国青少年道德教育的内容并对我国小学生认同的道德价值观进行调查，从而综合确定本课题调查研究的内容。

（一）各国青少年价值观教育内容考察

世界各国都非常重视青少年的价值观教育，纷纷出台了所倡导的价值观内容。以下是联合国教科文组织和几个国家提出的道德价值观教育的主要内容。

- 联合国教科文组织倡导全人类应共同遵守的生活价值观共有12条：和平、尊敬、仁爱、宽容、幸福、责任、合作、谦逊、诚实、简朴、自由、团结。

- 生活价值观教育计划提出的 12 种核心价值观：合作、自由、快乐、诚实、谦虚、爱心、和平、尊重、责任、简朴、包容、团结。
- 美国教育部于 2003 年发布了名为"培养你的孩子成就责任公民"的家庭价值教育指导文件单行本，列举了学龄儿童和青少年所应具备的公认的品格特质：同情或移情、诚实和公正、自律、好的判断力、尊重他人、自尊、勇敢、责任、公民素养以及爱国主义。
- 新加坡政府于 1991 年发布了国家"共同价值观白皮书"，内容涉及 5 个方面：国家至上，优于各种族的社群与社会；家庭为根，社会为本；关怀扶植，尊重个人；求同存异，协商共识，重视沟通协调与团队互动；种族与宗教和睦。中小学公民与道德教育课程标准集中在 6 个核心价值观上，分别是：尊重、责任、正直、关怀、应变能力与和谐。
- 英国沃里克宗教与教育研究小组提出了 12 种生活价值观：和平、尊重、爱、宽容、诚实、谦逊、合作、责任、幸福（快乐）、自由、简朴（朴实）和团结。同时提出 5 种人类价值观，包括爱、真理、和平、正当行为、非暴力。
- 加拿大学校道德价值观教育的主要内容是：尊重、责任、诚实、同情心、公正、创造、勇气、正直、坚毅、乐观。
- 澳大利亚联邦教育、科学与培训部部长布兰登·尼尔森提出学校应当向学生传授的价值观有 10 种，即责任、尊重、诚实、宽容、平等、自由、同情、幸福、卓越、和平；学校和社区的共同价值观包括 10 个方面，即忍耐与理解、尊重、责任、社会正义、追求卓越、关心、包容与信任、诚实、自由、遵循伦理道德。
- 新西兰要求学生具有追求卓越、创新与好奇、多样化、尊重他人、公正、团结合作、关心环境、诚实正直等 8 种价值观。
- 德国的价值观教育要求学生：爱祖国，具有民族自尊心；爱劳动，具有勤业思想；讲认真，对工作一丝不苟；有信念，不管在困难时期还是顺利时期都具有乐观精神，为信念而执着追求。
- 西班牙近 80 名教育专家用 6 年时间，从 48 个价值观中筛选出 20 个价值观，作为 6—12 岁儿童价值观教育的内容，分别是：尊重、耐心、恒心、谨慎、礼貌、责任、秩序、真诚、信任、沟通、宽容、创造力、合作、同情心、慷慨、友谊、自由、公平、和平、快乐（幸福）。

- 我国学者从多个维度提出了价值观的内容，其中一个维度是个体、个体与集体、个体与社会、个体与国家、个体与自然等的关系。从这一维度提出的价值观教育的内容体系，就个体而言有勤劳、俭朴、自信，就个体与集体的关系而言有关心、尊重、合作、守信，就个体与社会的关系而言有正义、公平、公正、责任，就个体与国家的关系而言有忠诚、遵纪守法、义务、奉献，就个体与自然的关系而言有和谐、热爱生命等，就个体与外来文化的关系而言有宽容、接纳、尊重、欣赏、自重等。

综上可见，各国所倡导的价值观内容中有一些是共同的，如尊重、责任、合作、公正、宽容（包容）、诚实、爱（仁爱、爱心、关心、关怀、热爱生命）、快乐（幸福）、和平等。可以说，这些方面是小学生道德价值观中不可缺少的内容，也是确定本课题调查研究内容的依据。

（二）小学生认同的道德价值观

在编制问卷之前，为了解小学生对道德价值观的认知状况，本课题曾就三个问题——"你认为的优秀品德有哪些？""你所佩服的人的优秀品质有哪些？""你不能容忍的人的缺点有哪些？"——请一所小学的四年级、五年级、六年级学生自由写出答案，调查统计结果如下。

小学生认为的"**优秀品德**"有"勤奋好学"、"诚实守信"、"拾金不昧"、"爱护公物"、"舍己为人"、"勤俭节约"、"乐于助人"、"保护环境"、"尊老爱幼"、"守纪"、"文明礼仪"、"有责任心"、"积极向上"、"热爱劳动"、"团结友爱"、"崇尚科学"、"良好的心态"、"通情达理"、"宽容"、"热情"、"关心集体"、"虚心"等22项。其中，前10项为列出较多的条目。

小学生"**所佩服的人的优秀品质**"有"勤奋好学"、"乐观向上"、"遵纪守法"、"守信"、"乐于助人"、"环保"、"温柔善良"、"关怀他人"、"聪明"、"拾金不昧"、"有正义感"、"有责任"、"文明"、"关心集体"、"热爱劳动"、"待人平等"、"美丽大方"、"团结友爱"、"热情好客"、"认真"、

"幽默"、"对人冷静"、"爱干净"、"谦虚"、"快乐"、"宽容"、"有特长"、"慷慨大方"、"爱护公物"、"爱护花草树木和小动物"、"坚持不懈"、"尊老爱幼"、"节俭"以及"勇敢"等34项。其中，前10项为列出较多的条目。

小学生最"**不能容忍的人的缺点**"有"爱打架，骂人"、"小气"、"骄傲"、"说谎"、"损人利己"、"奸诈"、"懒惰"、"自高自大"、"没有爱心"、"学习不好"、"挑衅别人"、"顽皮捣蛋"、"不守信"、"在公共场合说脏话"、"娇气"、"爱羞辱人"、"自私"、"贪心"、"对人冷漠"、"明知故犯"、"破坏环境"、"不热爱集体"、"不关心他人"、"背叛朋友"、"不尊重他人"、"损坏别人的东西"、"破坏公物和树木"、"取笑他人"、"不讲卫生"、"不虚心学习"、"残忍"、"不爱劳动"、"愚蠢"、"虚伪"以及"固执"等。其中，前10项为列出较多的条目。

综合小学生对"优秀品质"的正面肯定与对"不良品质"的负面否定可以发现，小学生所认同的道德价值观主要有勤奋好学、诚实守信、拾金不昧、爱护公物、舍己为人、勤俭节约、乐于助人、保护环境、尊老爱幼、乐观向上、遵纪守法、有正义感、谦虚、善良等，这些内容主要来自小学生行为准则的要求。这一方面表明该学校对小学生的道德价值观教育是有效的，另一方面表明被调查小学生所认同的道德价值观是符合社会要求的，同时也是确定本课题调查研究内容的重要参考。

（三）本课题调查研究的主要内容

综合上述研究，本课题将小学生道德价值观调查的研究内容确定为爱、规则、尊重、责任、公正、宽容、合作、生命等八大方面。其中，各方面的价值观又包括几个层面，至于在各价值观上选择哪些层面进行考察，主要是基于小学生的生活本身。如，对小学生而言，爱的价值观从关系的角度指向父母、他人、祖国、环境，具体包括对父母的孝顺、体谅、感恩，对他人的帮助、公益，对祖国的爱，对环境的保护。规则价值观包括小学生在学校最为基本的两个方面的规则，即升旗仪式和考试的规则，其中包含了爱国、诚实。尊重包括自尊与尊人两方面，尊人包括尊重父母、老师、同学。责任价值观包含对自己、他人、行为后果的负责等，涉及自理、守信、承担等。公正价值观包含面对利益冲突和一般权利平等两方面。宽容价值观包含对同学的谅解、对老师的理解等。生命价值观包含对自己、他人、动植物生命的保护，对死者及其亲人之感受的尊重，对人类生命的关注以及在工作与生命健康、财产与生命、见义勇为与生命安全之间的价值取向等。

三、研究方法

本课题主要采用问卷调查法，辅之以访谈法、观察法等方法研究社会变革时期我国小学生道德价值观的现状及其特点。

（一）调查工具

在价值观、道德价值观、儿童道德发展等相关理论研究的基础上，结合开放式调查及访谈结果编制《小学生学习与生活状况调查问卷》。

1. 问卷编制原则

其一，注重"三个兼顾"。即对小学生道德价值观考察的内容设计，一是中华传统美德与现代道德兼顾，如"卧冰求鲤"与"照顾好自己就是爱父母"，"体谅父母工作之辛苦"与"感恩父母"。二是个人道德与社会公德兼顾，如自护与志愿者。三是社会时代性与人类永恒性道德兼顾，如财产与生命、健康与工作、便利与使用一次性筷子等。

其二，贴近儿童。即回到小学生日常生活所能遇到的事情中，运用他们能理解的比较感性、活泼的语言，多采用具有一定故事情节的问题与答案。由于调查对象的年龄比较小，要通过问卷来调查他们的价值观状况是比较难的，所以如何能真正测出小学四至六年级学生的道德价值观状况是问卷设计时必须考虑的问题。

2. 问卷编制阶段

问卷编制分为三个阶段。一是理论研究与前期调研阶段。课题组成员对价值观、道德价值观及相应的教育进行研究，收集、分析了大量关于价值观、道德价值观的调查问卷，并在北京城乡多所小学包括打工子弟小学开展前期调查。二是问卷初步设计阶段。主要是在前期理论研究与调研的基础上进行问卷编制。三是问卷预测与修改阶段。课题组成员在北京城乡多所小学进行调查问卷的预测，对预测问卷进行统计分析，在此基础上修订问卷；之后多次听取专家意见，经过多次修改，形成问卷的最后定稿。

3. 问卷结构

调查问卷结构由调查对象的基本情况和问卷主体两部分组成。基本情况包括性别、民族、年级、是否独生子女、父母受教育程度、家境、家庭类型、是否担任过班级职务等9个方面。问卷的主体包括爱、规则、尊重、责任、公正、宽容、合作、生命等8个方面的内容。问卷采用常用的封闭式问卷，包括类别式问答和表格式问答两种形式，由小学生根据自己的理解作答。问卷整体结构见表1-1。

表1-1 小学生道德价值观调查维度

序号	基础德目	德目指向	二级德目	题号	内容	备注
1	爱(9)	父母	孝	4	卧冰求鲤（非血缘）	
				31	照顾好自己就是爱父母	
			感恩	3	回报父母的养育之恩	
			体谅	32	花钱时想这是父母辛辛苦苦挣来的	
		他人	助人	14	大家都不愿意帮助班级的捣蛋鬼	
			公益	18	为地震灾区捐款	
				21	奥运志愿者	
		祖国	爱国	17	郎平率美国女排战胜中国女排	
		环境	环保	29	公共场合有人乱丢垃圾时，我会上前制止	
2	规则(3)	升旗	爱国	16	遵守升旗仪式规则	
		考试	诚实	13	考试作弊现象	
		利益		39	有时守规则会吃亏，所以不必事事都遵守规则	
3	尊重(4)	自己	自尊	28	别人嘲笑自己，感觉伤自尊	
		父母	尊人	5	妈妈特意为我做了一件事，但是不合我意	
		同学		7	同学指出我的缺点，我会如何对待	
		老师		6	老师批评我，而我认为是被冤枉的	

续表

序号	基础德目	德目指向	二级德目	题号	内　容	备注
4	责任(4)	自己	自理	33	做力所能及的事	
		同学	守信	11	答应同学的事是否要完成	
		老师		2	答应老师不再去网吧,可又去了	
		行为	担当	12	做了错事,给同学带来损失	
5	公正(3)	冲突		38	为了自己的利益损害同学的利益	
				27	好朋友与其他同学发生冲突,要公平处理	
		权利		36	所有同学都应该拥有相等的权利	
6	宽容(2)	同学	谅解	8	同学背地里说我坏话,但后来向我道歉了	
		老师	不追究	37	老师上课时无法回答学生很不应该	
7	合作	共事		30	我能够和别人一起合作完成事情	
8	生命(9)	自己	保护	1	被校园小霸王欺负	
		他人	责任	10	没有盖的井	
		动物	爱护	22	虐猫事件	
		死者	尊重	15	汶川地震遗址拍照	
		植物	环保	23	使用一次性筷子	
		人类	和平	35	世界和平与自身关系	
		工作		9	老师带病上课	
		财物		34	生命与财产关系	
		义勇		20	见义勇为	

注：括号中的数字为相应问题的数量。问卷中的第 25 题因问卷编制技术问题，学生回答有遗漏，故不作处理；第 24、第 40、第 41 题是开放性选择题，不属于表中同类，故未列入此表；第 19 题和第 26 题也不能列入表中，故不作统计分析。

（二）调查对象

1. 样本的区域分布

本调查研究在充分考虑地理分布、沿海与内陆、城市与乡村等因素的基础上取样，在全国东西南北中选取两个直辖市的两所优质小学、4 个省会城市中 4 所良好水平的小学、3 个省 6 个县（区、市）的 12 所中心小学和 12 所村小，共计 30 所小学的 3182 名四年级、五年级、六年级小学生。共发出问卷 3182 份，回收问卷 3182 份，其中有效问卷为 3113 份，有效率为 97.8%，各地区调查样本分布情况见表 1-2。

表 1-2　各地区调查样本分布

地　区	城市小学	中心小学	村小	人数	百分比
北京市	1	—	—	216	6.93
北京市	1	—	—	203	6.52
辽宁省沈阳市	1	—	—	205	6.59
广东省广州市	1	—	—	120	3.85
广西壮族自治区南宁市	1	—	—	196	6.30
河北省石家庄市	1	—	—	198	6.36
浙江省长兴县、奉化县	—	4	4	714	22.93
安徽省黄山市黄山区、阜阳市颍上县	—	4	4	823	26.43
陕西省韩城市、旬邑县	—	4	4	437	14.04
缺失值	0	0	0	1	0.03
总数	6	12	12	3113	100.00

2. 样本构成情况

本调查研究所使用的问卷设计了与小学生相关的 9 项基本信息，各项基本信息的数据情况见表 1-3。

表 1-3　调查对象的基本信息

		人数	百分比	有效百分比
地区	农村	1975	63.4	63.4
	城市	1137	36.5	36.6
	缺失值	1	0.1	
性别	男	1541	49.5	49.7
	女	1561	50.1	50.3
	缺失值	11	0.4	

续表

		人数	百分比	有效百分比
民族	汉族	2886	92.7	94.2
	少数民族	177	5.7	5.8
	缺失值	50	1.6	
年级	四年级	1062	34.1	34.6
	五年级	931	29.9	30.4
	六年级	1074	34.5	35.0
	缺失值	46	1.5	
独生子女	是	1570	50.4	53.4
	否	1369	44.0	46.6
	缺失值	174	5.6	
父母受教育程度	父亲 大学及以上	2240	72.0	74.7
	父亲 大学以下	757	24.3	25.3
	父亲 缺失值	116	3.7	
	母亲 大学及以上	2273	73.0	76.6
	母亲 大学以下	695	22.3	23.4
	母亲 缺失值	145	4.7	
	双方学历在大学及以上	2084	66.9	70.1
	一方学历在大学及以上	327	10.5	11.0
	双方学历在大学以下	563	18.1	18.9
	缺失值	139	4.5	
家境	贫困	252	8.1	8.9
	一般	2492	80.1	87.6
	富有	102	3.3	3.6
	缺失值	267	8.6	
担任过班级职务	是	1272	40.9	
	否	1580	50.8	
	缺失值	261	8.4	

续表

			人数	百分比	有效百分比
家庭类型	家庭类型（一）	双亲	2246	72.1	74.8
		单亲	386	12.4	12.4
		不与父母同住	388	10.7	12.8
		缺失值	94	3.0	
	家庭类型（二）	与老人同住	1130	36.3	37.5
		不与老人同住	1883	60.4	62.5
		缺失值	101	3.2	

（三）调查方式

调查采用现场作答，现场回收的方式。问卷回收后使用 Microsoft Office Excel 2003 及 SPSS 16.0 对问卷进行统计分析。

第二章

小学生爱的价值观

爱是人类的基本需要,是个体对人或事物深厚真挚的情感,反映了个体与人或事物之间的亲密关系。弗洛姆(E. Fromm)在《爱的艺术》中指出:爱是一种主动活动,而不是一种被动的情感;它是"分担",而不是"迷恋"。在最一般的意义上,爱的主动性特征主要是给予,而不是接受。除了给予之外,爱的主动性还包含一些基本因素,它们是关心、责任、尊重和认识。① 爱是人类共同共通的情感,是推动社会进步与和谐发展的重要动因。心中有爱的人充满同情,乐善好施,扶贫帮困,见义勇为,富有责任感或使命感,他们爱自己、爱他人、爱世间的万事万物。"仁爱"是中华民族传统价值观的根本,以爱父母、爱他人、爱祖国等为主要内容的爱的教育在我国传统教育中一直占有重要地位,但随着我国社会政治、经济的飞速发展,传统与现代、东方与西方的多重文明交织在一起,冲击着人们的思想观念与价值体系,处于社会转型期中的人们对传统道德价值观的态度出现了变化,特别是在特殊环境下成长起来的独生子女一代,在经济浪潮冲击和多元文化影

---

① 弗洛姆.为自己的人[M].上海:上海三联书店,1988:248,251.

响下，他们爱的价值观表现出鲜明的时代特点。研究并把握新时期小学生爱的价值观及其行为特点，是教育者有效施教的前提，也是弘扬中华传统美德，构建和谐社会的基本保证。

第一节　小学生爱的价值观的描述性分析

本研究根据爱所指向的对象的不同，围绕爱父母、爱他人、爱祖国、爱环境等四个方面，通过九个问题，调查了解小学生在"孝"、"感恩"、"体谅"、"助人"、"爱国"、"环保"等爱的价值观方面的发展现状（表2-1）。

表2-1　调查问卷结构——爱的价值观

德目	德目指向	二级德目	题号	内容
爱（共9题）	父母	孝	4	卧冰求鲤
			31	照顾好自己就是爱父母
		感恩	3	父母的养育之恩
		体谅	32	花钱时想这是父母辛辛苦苦挣来的
	他人	助人	14	没人愿意帮助班级的捣蛋鬼
		公益	18	为地震灾区捐款
			21	奥运志愿者
	祖国	爱国	17	郎平率美国女排战胜中国女排
	环境	环保	29	公共场合有人乱丢垃圾时，我会上前制止

一、爱父母

父母是小学生生活中的重要他人，儿童对与父母关系的价值认同在一定程度上反映了儿童对自身与环境关系的态度。本次调查主要通过对"卧冰求鲤"这一传统孝道故事的态度、对回报父母养育之恩的态度、对"照顾好自己就是爱父母"以及"花钱时想这是父母辛辛苦苦挣来的"的认可度4个题目考察小学生爱父母的价值观。前两题考察小学生对孝或爱父母的价值观念的理解,后两题更多关注学生对爱父母行为的认同。

将被调查者置于旁观者的位置,询问其对"卧冰求鲤"这一传统孝道故事的态度,透过小学生对故事主人公的评价间接了解其爱父母的价值观。该题有5个选项。选项A从传统的孝道出发,强调角色义务意识——对父母就该这样做;选项B和C基于相互关系,强调感情互动——不是亲妈没必要这样做、后妈对自己不好没必要这样做;选项D认为完全没有必要;选项E是"其他"。结果发现,87.2%的小学生给予了充分肯定,选择B和C的学生占5.8%(4.1%+1.7%),他们从血缘和与自己有利害关系的角度作出了有条件的否定,3.8%的小学生持绝对否定态度(表2-2)。可见,80%以上的当代小学生认同传统的爱父母的价值观,认为无论是否有血缘关系,回报父母应是无条件的。值得关注的是,10%的小学生对父母的爱是有条件的,在与父母关系的价值抉择上,他们更多地从自身利益出发,强调对等关系,即"你对我好我才回报你"。

表2-2 小学生爱父母价值观的统计结果

	对"卧冰求鲤"的态度			对"回报父母养育之恩"的态度	
选项	人数	百分比	选项	人数	百分比
A	2715	87.2	A	41	1.3
B	53	1.7	B	143	4.6
C	127	4.1	C	199	6.4
D	118	3.8	D	2618	84.1
E	87	2.8	E	5	0.2
小计	3100	99.6	小计	3006	96.6
缺失值	13	0.4	缺失值	107	3.4
总计	3113	100.0	总计	3113	100.0

"回报养育之恩"一题直接调查小学生对孝敬父母,回报养育之恩的态度。结果发现,84.1%的小学生选择了无条件回报,11%(4.6%+6.4%)的小学生选择了有条件回报,认为回报父母应在自己有能力或者父母需要的

情况下，还有1.3%的小学生选择了不回报。这一结果表明，绝大多数小学生认同"子女应无条件回报父母"的传统道德价值观念，但也有小部分学生把回报父母理解为物质或经济层面的回报，自己没有能力就无法回报。这一方面反映出小学生对感恩父母认知的片面性，另一方面也可以看出商品经济大潮对儿童的影响。

在传统的爱父母的价值观中，人们对爱父母行为的一般性理解是对父母的给予与付出——关心父母，帮助父母。本次调查从更深层次——珍惜父母劳动、体谅父母和照顾好自己，减轻父母负担上——探查小学生对爱父母行为的认同。调查结果见表2-3。

表2-3 小学生对爱父母的行为认同的统计结果

对"花钱时想这是父母辛辛苦苦挣来的"的态度			对"照顾好自己就是爱父母"的态度		
选项	人数	百分比	选项	人数	百分比
完全不同意	47	1.5	完全不同意	126	4.0
大部分不同意	59	1.9	大部分不同意	146	4.7
基本同意	271	8.7	基本同意	412	13.2
大部分同意	502	16.1	大部分同意	750	24.1
完全同意	2160	69.4	完全同意	1621	52.1
小计	3039	97.6	小计	3055	98.1
缺失值	74	2.4	缺失值	58	1.9
总计	3113	100.0	总计	3113	100.0

近95%（69.4%+16.1%+8.7%）的小学生对"花钱时想这是父母辛辛苦苦赚来的"持赞同观点，仅有3.4%（1.5%+1.9%）的学生选择了不同意，这表明绝大多数的小学生能体谅父母劳动的艰辛。对"照顾好自己就是爱父母"的说法，近90%（13.2%+24.1%+52.1%）的学生持赞同观点，有8.7%（4.0%+4.7%）的学生持否定态度。由此可以看出，绝大多数小学生能够正确认识自身行为与爱父母的关系，认同照顾好自己，减轻父母负担就是爱父母的观念。但也不能忽视持否定态度的学生，这可能与小学

生思维发展具体性的特点有关。

综合分析上面的结果可知，小学生在爱父母的价值观上对于传统的孝道持认同态度，他们对父母存感恩之心，愿意无条件回报父母。他们体谅父母劳动的艰辛，在享受父母劳动成果时感念父母，能够正确认识自身行为与爱父母的关系。从总体上看，他们爱父母的道德价值观是正向、积极的。

二、爱他人

本次调查主要通过对"大家都不愿意帮助班级的捣蛋鬼"、"为地震灾区捐款"、"奥运志愿者"的态度考察小学生的助人意识。

从表2-4对"大家都不愿意帮助班级的捣蛋鬼"的态度的统计结果可以看出，有超过半数（57.3%）的小学生都愿意主动去帮助班里比较调皮的同学改正错误，另有不少小学生（21.2%）出于同情也愿意去帮助这样的调皮同学，只有极少数小学生（5.6%）认为这样的同学很讨厌，不愿意提供帮助。值得一提的是，有一些小学生也愿意帮助他人，但却是有条件的，如对"其他"选项进一步分析发现，许多小学生认为必须要让调皮的同学主动承认错误，而且要保证不再犯错误才会去帮助他。

对于奥运志愿者的态度，在一定程度上反映了小学生的助人意识。表2-4的结果显示：在抽查的3113名小学生中，有2626人选择A"为社会做贡献，很有意义"，占总体的84.4%；有265人选择B"喜欢做这样的事情，高兴就好"，占总体的8.5%；有91人选择C"也许是为了得到其他好处"，占总体的2.9%；有84人选择D"很不值得，付出太多了"，占总体的2.7%。可见，大部分小学生能正确认识个体与社会的关系，他们乐于参与志愿活动，认为这是个体尽自己的力量为社会做贡献，是很有意义的事情。

对为地震灾区捐款的态度，反映了小学生对是否帮助有困难的人的态度。表2-4的结果显示：在抽查的3113名小学生中，选择A"小学生不挣钱，不用捐"的有37人，占总体的1.2%；选择B"愿意捐就捐，不捐也没什么"的有118人，占总体的3.8%；选择C"在不影响自己的情况下，可以捐一些"的有1005人，占总体的32.3%；选择D"应该捐，自己不花也要捐"的有 1925 人,占总体的 61.8%。可见,大部分小学生持"自己不花也要捐款"的态度。但也应注意的是,超过 1/3 的小学生在他人有困难需要帮助时,更多地考虑自身的情感、经济因素。

表 2-4 小学生爱他人价值观的统计结果

对"大家都不愿意帮助班级的捣蛋鬼"的态度			对"奥运会志愿者"的态度			对"为地震灾区捐款"的态度		
选项	人数	百分比	选项	人数	百分比	选项	人数	百分比
A	173	5.6	A	2626	84.4	A	37	1.2
B	429	13.8	B	265	8.5	B	118	3.8
C	660	21.2	C	91	2.9	C	1005	32.3
D	1783	57.3	D	84	2.7	D	1925	61.8
E	7	0.2	E	5	0.1	E	7	0.2
小计	3052	98.0	小计	3071	98.6	小计	3092	99.3
缺失值	61	2.0	缺失值	42	1.4	缺失值	21	0.7
总计	3113	100.0	总计	3113	100.0	总计	3113	100.0

综合上述调查结果,我们可以发现大多数小学生在处理自身与他人、社会的关系时能为他人着想,乐于助人。但仍有部分儿童在处理个人与他人关系时以自我为中心,表现出有条件的利他。

三、爱国

本次调查选择了我国著名的女排教练郎平在 2008 年奥运会上率美国女排战胜中国女排这一事例,让小学生对郎平是否爱国作出判断。表 2-5 的结果显示:在抽查的 3113 名小学生中,选择 A"郎平不爱国"的有 204 人,占总体的 6.6%;选择 B"郎平做了教练该做的,与爱国没有关系"的有 304 人,占总体的 9.8%;选择 C"输赢是实力问题,不能说郎平不爱国"的有 1467 人,占总体的 47.1%;选择 D"郎平是我们中国的骄傲"的有 1093 人,占总体的 35.1%。可见,大部分学生认为郎平带领美国队战胜中国队并不能说明郎平不爱国。这与传统价值观中人们对爱国的理解不同,表明在国际化的背景下,小学生的爱国价值观开始摆脱狭隘的"国家之人——为国工作"的地域观念而代之以"为国争光"的理念。但也应注意,对于小学生而言,国家是一个抽象的概念。4个选项都有一定比例的人选择,表明小学生对个体与国家的关系、爱国与为国家工作等的认识还不十分清晰。

表2-5 小学生爱国价值观的统计结果

对"郎平率美国女排战胜中国女排"的态度

选 项	人 数	百分比
A	204	6.6
B	304	9.8
C	1467	47.1
D	1093	35.1
小计	3068	98.6
缺失值	45	1.4
总计	3113	100.0

四、爱环境

环境是人类生存发展的条件,与每个人的生活息息相关。本调查主要考察了小学生对维护公共卫生行为的认同。调查结果显示:在抽查的3113名小学生中,选择"完全不同意"的有124人,占总体的3.9%;选择"大部分不同意"的有120人,占总体的3.9%;选择"基本同意"的有368人,占总体的11.8%;选择"大部分同意"有566人,占总体的18.2%;选择"完全同意"的有1873人,占总体的60.2%(表2-6)。可见,大部分学生认为应该上前制止别人在公共场合乱丢垃圾。值得注意的是,仍有一些学生不能正确认识个体与环境的关系,他们对于问卷中描述的制止破坏环境的行为不予支持,甚至认为这与自己无关。

表 2-6 小学生爱环境价值观的统计结果

对"公共场合有人乱丢垃圾时,我会上前制止"的态度

选项	人数	百分比
完全不同意	124	3.9
大部分不同意	120	3.9
基本同意	368	11.8
大部分同意	566	18.2
完全同意	1873	60.2
小计	3051	98
缺失值	63	2.0
总计	3113	100.0

综上所述,小学生大多对自身与周围的他人、社会及环境的关系有着正确的认识,爱的价值观发展总体上鲜明、正向、积极,他们遵从传统的孝道,体谅父母,感恩父母,乐于助人,热心公益,爱国、环保。比较而言,他们对自身熟悉的人、事、物的爱的价值认同要优于对不熟悉的人、事、物;社会转型及国际化的背景,商品经济大潮的冲击等,在一定程度上影响着小学生爱的价值观的发展,使之表现出鲜明的时代特点。

第二节 小学生爱的价值观的影响因素分析

小学生爱的价值观反映了他们对自身与周围环境中的人、事、物等的关系的认识,因此,小学生的生活环境不同,小学生自身的特点差异,都会在一定程度上影响其道德价值观的发展。本研究主要探寻小学生社会生活环境中的生活地域和民族,家庭环境中的家庭结构、经济背景和父母受教育程度,以及小学生自身特点(包括是否为独生子女、性别、年级以及是否担任过班干部)等因素对其爱的价值观的影响。

一、社会因素

社会因素包括很多方面,本研究主要考察了生活地域和民族对小学生爱

的价值观的影响。

我国幅员辽阔，资源丰富，近年来在政治影响力及综合国力方面都有了突破性的发展。但国内各地区无论在经济还是文化的发展上都具有明显的地域差异，表现出不均衡性。为更好地把握全国小学生道德价值观发展的特点，本次调查我们以北京市、上海市、沈阳市、广州市、南宁市、石家庄市、浙江省、安徽省、陕西省等9个省市为代表，选取了居住地在城市（1139人，占总样本的36.6%）和农村（1974人，占总样本的63.4%）的小学生为样本，其中汉族学生2886人，占总样本的92.7%，其他民族学生177人，占总样本的5.7%，以考察社会环境对其道德价值观的影响。

研究结果发现，居住地点和民族这两个因素对小学生爱的价值观总体影响不大，除不同地区小学生对为地震灾区捐款的态度存在显著差异外，在其他爱的项目及内容上，城乡小学生之间、汉族与其他民族小学生之间均没有显著差异，即无论是城市学生还是农村学生，无论是汉族学生还是少数民族学生，他们对于自身与父母、他人、国家、环境关系抉择中的爱的价值观具有一致的倾向，他们一样地感恩父母、帮助他人、爱国、环保。但值得注意的是，城乡小学生对"为地震灾区捐款"的态度存在显著差异（表2-7）。

表2-7 不同地区小学生对"为地震灾区捐款"态度的差异检验

		选项	A	B	C	D	总计	皮尔森卡方检验
为地震灾区捐款	农村地区	人数	26	72	558	1300	1956	41.694**
		百分比	1.33	3.68	28.53	66.46	100	
	城市地区	人数	11	46	446	625	1128	
		百分比	0.98	4.08	39.54	55.41	100	
	总计	人数	37	118	1004	1925	3084	
		百分比	1.20	3.83	32.56	62.42	100	

注：** 为0.01水平显著

研究结果显示，城乡小学生对于为地震灾区捐款的态度存在非常显著的差异，其中存在较大差异的选项是C（"在不影响自己的情况下，可以捐一些"）和D（"应该捐，自己不花也要捐"）。城市地区小学生选择C的比率（39.54%）高于农村地区（28.53%）；在选项D上，农村地区小学生选择比率（66.46%）高于城市地区（55.41%）。这一结果表明部分城市地区小学生在捐款时首先会考虑自己，更倾向于在不影响自己的情况下捐款。

二、家庭因素

对于小学生而言，家庭是其主要且重要的生活环境。家庭的结构、生活条件、生活氛围，以及父母的价值观念、父母对儿童的教育影响等，都会对小学生的价值观产生影响。本研究主要探讨父母的受教育程度、家庭经济条件、家庭结构等对小学生爱的价值观的影响。

（一）父母受教育程度

父母的受教育程度在一定程度上反映家庭文化、教育的一些特点。一般来说，父母受教育程度越高，对孩子的关注越多，家庭成员之间的关系也会更为民主、平等，这些都会影响小学生对自身与他人关系的抉择。本研究将父母受教育水平分为三大类型：双高型——父母双方均大学或大学以上学历；双低型——父母双方学历均在大学以下；一高一低型——父母一方学历在大学及以上，另一方则在大学以下。

研究结果发现，父母的受教育程度对于小学生的爱父母、爱国、助人等价值观的影响不大，但对小学生公益、环保价值观却有较大的影响。

父母双方受教育程度不同的小学生，对为地震灾区捐款的态度存在显著差异（表2-8）。三类小学生存在较大差异的选项是C（"在不影响自己的情况下，可以捐一些"）和D（"应该捐，自己不花也要捐"）。在选项C上，父母双方受教育程度在大学以上的小学生的选择比率（41.32%）高于父母双方受教育程度在大学以下的小学生（30.93%），而后者又高于父母一方受教育程度在大学以上的小学生（27.64%）；在选项D上，父母一方受教育程度在大学以上的小学生的选择比率（67.08%）高于父母双方受教育程度在大学以下的小学生（64.23%），而后者又高于父母双方受教育程度在大学以上的小学生（53.13%）。可见，父母双方受教育程度在大学以上的小学生在捐款时会更多地考虑自身，更倾向于在不影响自己的情况下捐款。

表2-8 父母不同学历小学生对"为地震灾区捐款"态度的差异检验

			A	B	C	D	总计	皮尔森卡方检验
为地震灾区捐款	父母双方学历在大学以下	人数	23	77	639	1327	2066	27.802**
		百分比	1.11	3.73	30.93	64.23	100	
	父母一方学历在大学及以上	人数	4	13	89	216	322	
		百分比	1.24	4.04	27.64	67.08	100	
	父母双方学历在大学及以上	人数	8	23	231	297	559	
		百分比	1.43	4.11	41.32	53.13	100	
总计		人数	35	113	959	1840	2947	
		百分百	1.2	3.8	32.6	62.4	100	

注：** 为 0.01 水平显著

研究发现，父母亲受教育程度不同的小学生制止别人乱扔垃圾的态度存在显著差异。其中存在较大差异的选项是"完全同意"。父母双方均为大学以下学历的小学生的选择比率（63.61%），高于父母一方是大学以上学历的小学生（61.49%）和父母双方是大学及以上学历的小学生（55.28%）（表2-9）。可见，父母双方是大学以下学历和父母一方是大学及以上学历的小学生，相对而言更倾向于制止别人乱扔垃圾。

表2-9 父母不同学历小学生对"维护公共卫生"态度的差异检验

			1	2	3	4	5	总计	费舍精确检验
维护公共卫生	父母双方学历在大学以下	人数	89	74	220	358	1295	2036	26.931**
		百分比	4.37	3.63	10.81	17.58	63.61	100	
	父母一方学历在大学及以上	人数	12	12	40	60	198	322	
		百分比	3.73	3.73	12.42	18.63	61.49	100	
	父母双方学历在大学及以上	人数	12	31	88	119	309	559	
		百分百	2.15	5.55	15.74	21.29	55.28	100	
总计		人数	113	117	348	537	1802	2917	
		百分比	1.94	2.01	5.97	9.2	30.89	50	

注：** 为 0.01 水平显著

(二) 家境

家境主要指家庭的经济状况,本调查将学生的家境分为家庭经济条件富有、一般和贫困三大类,由学生自行填写。研究结果发现,家境对小学生爱的价值观影响非常大。除环保一项外,不同家境的小学生在回报父母、帮助他人以及公益等价值观上表现出明显的差异。

不同家境小学生的孝敬父母意识存在非常显著的差异(表2-10),主要体现在选项 A 和 D 上。选择 A "真了不起,后妈对他不好,他还能这样做"的家境一般和家境贫困的小学生所占比率大概相同,约为90%,而家境富有的小学生选择此项的比率相对偏低。选择 D "太傻了,这样的后妈病了活该"的家境一般和家境贫困的小学生所占比率相对偏低,均不足5%,而家境富有的小学生选择此项的比率偏高,占到15.31%。总体来看,家境一般和家境贫困的小学生孝敬父母的意识强于家境富有的小学生。

表2-10 不同家境小学生对"卧冰求鲤"态度的差异检验

			A	B	C	D	总计	皮尔森卡方检验
卧冰求鲤	贫困	人数	222	11	5	11	249	
		百分比	89.16	4.42	2.01	4.42	100	
	一般	人数	2269	94	38	70	2471	46.473**
		百分比	91.83	3.9	1.54	2.83	100	
	富有	人数	77	4	2	15	98	
		百分比	78.57	4.08	2.04	15.31	100	
	总计		2568	109	45	96	2818	

注: ** 为0.01水平显著

不同家境小学生对"回报父母养育之恩"所持态度存在非常显著的差异(表2-11),主要体现在选项 B 和 D 上。家境一般小学生选择 B "有能力就回报,没有能力就算了"的比率最低,为4.31%,家境贫困小学生为4.44%,家境富有小学生为7.92%;家境一般小学生选择 D

"任何情况下、任何时候都需要回报"的比率为88.77%,家境贫困小学生为85.08%,家境富有小学生为79.21%。可以看出,家境一般的小学生感恩父母的意识强于家境富有的小学生和家境贫困的小学生。

表2-11 不同家庭经济状况小学生对"回报父母养育之恩"态度的差异检验

			A	B	C	D	总计	皮尔森卡方检验
回报父母养育之恩	贫困	人数	4	11	22	211	248	
		百分比	1.61	4.44	8.87	85.08	100	
	一般	人数	23	106	147	2182	2458	21.794**
		百分比	0.94	4.31	5.98	88.77	100	
	富有	人数	5	8	8	80	101	
		百分比	3.85	7.92	7.92	79.21	100	
	总计		32	125	177	2473	2807	

注:**为0.01水平显著

家境不同的小学生对乐于助人的态度存在非常显著的差异。选择助人的比例在一般家庭小学生中为94.64%,在贫困家庭小学生中为93.06%,在富有家庭小学生中为86.87%。即贫困家庭和富有家庭的小学生助人意识不及经济条件一般家庭的小学生。

家境不同的小学生对于为地震灾区捐款的态度存在非常显著的差异(表2-12)。选项A"小学生不挣钱,不用捐"和选项B"愿意捐就捐,不捐也没什么"总体呈现了不捐或无所谓的态度,家境富有的小学生中超过10%(3.96%+6.93%)的人选了这两项,贫困家庭的小学生选择这两项的比例为6.88%(1.21%+5.67%),而家境一般的小学生仅有4.33%(1.17%+3.16%)。可见,在他人有需要时,家境一般的小学生更倾向于捐助他人。

表2-12 不同家境小学生对"为地震灾区捐款"态度的差异检验

			A	B	C	D	总计	皮尔森卡方检验
为地震灾区捐款	贫困	人数	3	14	67	163	247	17.469**
		百分比	1.21	5.67	27.13	65.99	100	
	一般	人数	29	78	832	1532	2471	
		百分比	1.17	3.16	33.67	62.00	100	
	富有	人数	4	7	33	57	101	
		百分比	3.96	6.93	32.67	56.44	100	
	总计	人数	36	99	932	1752	2819	
		百分比	1.2	3.8	32.6	62.4	100	

注：** 为0.01水平显著

（三）家庭类型

在调查分析中，根据学生所选择的"和谁一起住"的信息，我们将学生的家庭类型分为三大类——与父母一起生活（双亲家庭）、与祖辈一起生活（不与父母同住）和与父或母一方生活（单亲家庭）。

研究结果发现，小学生生活的家庭类型不同，他们对传统的孝道的认同程度有显著差异（表2-13）。双亲家庭小学生对"卧冰求鲤"持肯定态度（选项A）的比率（91.58%），高于隔代家庭的小学生（90.65%）和单亲家庭的小学生（86.72%）；持不同程度的否定态度（选项B、C、D）的双亲家庭小学生比率为8.42%（3.58%+1.66%+3.18%），低于不与父母同住的小学生（3.38%+1.04%+4.94%=9.36%）和单亲家庭的小学生（7.05%+2.71%+3.52%=13.28%）。可见，小学生孝敬父母的价值观，受是否与父母一同生活的影响。

表2-13　不同家庭类型小学生对"卧冰求鲤"态度的差异检验

			A	B	C	D	总计	皮尔森卡方检验
卧冰求鲤	双亲家庭	人数	2044	80	37	71	2232	
		百分比	91.58	3.58	1.66	3.18	100	
	单亲家庭	人数	320	26	10	13	369	16.904**
		百分比	86.72	7.05	2.71	3.52	100	
	不与父母同住	人数	349	13	4	19	385	
		百分比	90.65	3.38	1.04	4.94	100	
		总计	2713	119	51	103	2986	

注：** 为0.01水平显著

三、个人因素

个人因素主要考察了被调查者是否独生子女及其性别、年级、担任班干部等情况对其爱的价值观的影响。

（一）是否独生子女

独生子女和非独生子女对回报父母养育之恩的态度存在非常显著的差异（表2-14），主要体现在选项C和D上。选择C"父母对我付出的多，我多回报；付出的少，我就少回报"的独生子女比率为4.97%，非独生子女为7.92%；选择D"任何情况下、任何时候都需要回报"的独生子女比率为88.26%，非独生子女为87.19%。由此可以看出，非独生子女对回报父母之恩的态度更取决于父母如何对自己。

在对为地震灾区捐款的态度上，独生子女和非独生子女也存在非常显著的差异，主要体现在选项C（"在不影响自己的情况下，可以捐一些"）上。独生子女选择比率（35.24%）高于非独生子女（29.00%）。可见，独生子女更倾向于在不影响自己的情况下捐款。

表2-14 独生子女与非独生子女小学生对"回报父母养育之恩"态度的差异检验

			A	B	C	D	总计	皮尔森卡方检验
回报父母养育之恩	独生子女	人数	21	21	77	1368	1550	
		百分比	1.35	4.42	4.97	88.26	100	
	非独生子女	人数	17	17	107	1178	1351	15.122**
		百分比	1.26	3.63	7.92	87.19	100	
		总计	38	38	184	2546	2901	

注：** 为0.01水平显著

（二）性别

性别对小学生爱的价值观有一定的影响。研究发现，在回报父母、助人、公益等价值观方面的性别差异显著。其中，男生选择有条件回报父母（选项B和C）的比率（14.34%）远高于女生（5.66%），而女生选择无条件回报父母（选项D）的比率（90.34%）明显高于男生（84.23%）；乐于助人（愿意帮助班级的捣蛋鬼）（选项B、C和D）的女生比率为96.40%，高于男生（92.25%）。在"为地震灾区捐款"一题上，男女生的差异主要集中在选项B（"愿意捐就捐，不捐也没什么"）和D（"应该捐，自己不花也要捐"）上，选择D的女生比率（65.76%）高于男生（59.03%），选择B的男生比率（5.25%）高于女生（2.45%）。可见，更多的女生倾向于牺牲自己也要捐助他人的态度。

（三）年级

在爱父母的价值观上，小学生年级越高，越倾向于认同孝敬父母、回报父母。四年级选择有条件回报父母（选项B和C）的比率为8.11%，五年级小学生为7.89%，六年级小学生为3.78%，而六年级小学生选择无条件回报父母（选项D）的比率为91.09%，五年级小学生为85.0%、四年级小学生为86.12%；对古代的"卧冰求鲤"故事，持肯定态度（选项A）的小学生，六年级的比率为91.36%，五年级为90.30%，四年级为89.23%；持否定态度（选项 B、C 和 D）的小学生，六年级的比率为 3.79%，五年级为 3.42%，四年级为 4.36%。

调查结果还表明，随着年级的升高，小学生对乐于助人（愿意帮助班级的捣蛋鬼）的价值观的认同比率呈现下降趋势。总体上看，四年级小学生选择助人（选项 B、C 和 D）的比率为 95.21%，五年级为 94.08%，六年级为 93.97%；其中，会主动助人的小学生，五年级的比率最高，为 61.62%，其次是四年级，为 59.39%，六年级最低，为 55.27%。对于为地震灾区捐款的态度也表现出相同的趋势。选择"在不影响自己的情况下，可以捐一些"的六年级小学生的比率（38.84%）高于五年级小学生（33.62%）和四年级小学生（25.74%）；可见，六年级小学生更倾向于在不影响自己的情况下捐款；选择"应该捐，自己不花也要捐"（选项 D）的四年级小学生的比率（70.09%）高于五年级小学生（61.28%）和六年级小学生（55.44%）；可见，四年级小学生更倾向于无条件捐款。

对小学生保护环境态度的调查结果显示，四年级小学生选择"完全同意"、"主动制止乱扔垃圾的行为"比率为 66.44%，明显高于五年级小学生（61.65%）和六年级小学生（56.91%）。可见，年级越低的小学生越倾向于制止别人乱扔垃圾，主动保护环境的意识更强。

（四）班级干部

研究发现，是否担任班级干部也会影响小学生爱父母和助人的价值观。担任过班级干部的小学生选择"无条件回报父母"（选项 D）的比率（91.01%）高于没有担任过班级干部的小学生（84.39%），对"卧冰求鲤"持肯定态度（选项 A）的比率（93.38%）也高于后者（87.31%）。乐于助人（愿意帮助班级的捣蛋鬼）（选项 B、C 和 D）的小学生，在担任过班级干部的小学生中所占比率为 95.04%，在后者中所占比率为 93.39%。即担任过班级干部的学生更认同爱父母、无条件回报父母以及帮助他人的价值观。

第三节　基本结论、讨论与建议

一、基本结论

小学生爱的价值观鲜明、正向、积极。绝大多数学生认同、遵从传统的孝道，体谅父母，感恩父母，乐于助人，热心公益，爱国、环保。比较而言，他们对自身熟悉的人、事、物的爱的价值认同要优于对不熟悉的人、事、物；社会转型及国际化的背景，商品经济大潮的冲击等，在一定程度上影响着小学生爱的价值观的发展，使之表现出鲜明的时代特点，如部分小学生在处理自身与他人关系时会计算得与失，在利他的同时兼顾自我等。

总体上看，小学生爱的价值观不受地域、民族等社会因素的影响，表现出相同的趋势，具有普适性。社会飞速发展，各地经济、文化千差万别，但人世间爱的情感是不变的，人与环境和谐共生的观念是永恒的。

小学生所处的微观家庭环境是影响其爱的价值观的重要因素。父母学历、家庭经济背景、父母是否与孩子共同生活都会影响小学生爱的价值观的形成与发展。

父母学历影响小学生爱的价值观。其主要原因在于一般高学历父母在家庭教育中比较民主，小学生的自我意识较强，更关注自我，在与他人相处时自我中心倾向比较明显，凡事从自己出发，他们不拒绝助人，但是有条件，更倾向于不影响自己。

家庭经济状况影响小学生爱的价值观。家境富有的小学生的价值观状况需要得到关注，他们中的一些人更倾向于有条件地回报父母，不愿主动帮助他人，主动捐助的人少，认为即便助人也不能影响自己等。这可能是小学生长期生活在比较优越的环境中，缺少同情心，不能体会别人的感受所致。另外，家境贫困的小学生因自身合理需要常常得不到满足，所以他们中的有些人会更关注自身。

单亲家庭、不与父母一同生活的小学生爱父母的价值观，不及正常家庭的小学生积极。小学生与父母一起生活，可增进彼此间情感交流。孩子在享受父母生活关注的同时,也能感受到父母的辛苦付出,因此与父母一同生活的孩子更能理解父母,对父母的感情更浓烈。

学校教育对学生爱的价值观的影响重大。研究发现,小学生年级越高,越能理解父母,更懂得孝敬父母,但主动助人意识不及低年级学生,这一现象值得关注。六年级小学生自我意识增强,学习压力增大,学业上的竞争可能已经影响其与同学的关系,使得他们不愿意主动关心他人。此外,担任过班级干部的小学生爱的价值观水平高于没有担任过班级干部的小学生,这主要是因为做班干部可增进学生的责任感。这些都反映出学校教育对小学生价值观的影响。

二、建议

小学德育工作应以学生爱的价值观的培养为核心,引导学生从关爱身边的人、事、物,为他人做力所能及的事情入手,帮助学生理解、体验、践行爱的价值观。

"关注自我"与"得失权衡"是当代小学生处理个体与环境关系的重要特征,学校德育应紧密结合当前社会的发展及小学生道德价值观发展的现状实际,从学生实际需要出发,引导学生正确认识自我与环境、得与失的关系。

在学校管理制度方面完善小学生干部轮流制,让所有的小学生都能有机会担任小干部,从中培养、提升他们的责任感与爱的价值观。

家庭是小学生道德价值观的重要影响因素,家长在小学生道德价值观发展中的作用不可替代。在满足小学生基本生活需要基础上,家长要关注孩子对于爱的需要,多花些时间陪孩子;尊重孩子在家庭中的地位,帮助孩子形成家庭责任感。学校要特别关注家庭经济状况富有与贫困的小学生以及单亲家庭的小学生,从他们的实际境遇出发,给他们的道德成长以帮助。

第三章

小学生的规则价值观

规则的含义有多种,在此,规则是指规定出来供大家共同遵守的制度或章程。它是人们在日常生活、学习、工作中必须遵守的行为规范和准则,具有普遍性。遵守规则是个体的人立足社会所必须具备的基本素质,是平等、诚信、交往成功的基础。德国法学家雅科布斯认为,规则使交往成为可能。在一个匿名的社会中,人都是依靠规则来进行交往的,没有规则,就没有交往,也就没有社会。学校作为特定社会组织的团体,具有许多规则,从一定意义上讲,这些规则是学校活动正常运行的保证,也是培养学生规则意识与能力的重要载体。本次问卷调查主要通过小学生对学校生活中最为典型的、日常性的规则的态度,以及对一般性的遵守规则与个人利益相冲突问题的态度来考察他们的规则价值观状况。

第一节 小学生规则价值观的描述性分析

一、调查问卷的结构与编制意图

本问卷设计了两类型共三道题来考察小学生的规则意识。一是学校活动中的规则，主要是两种最基本的、重要的常规活动——升旗和考试——的规则；其中，第16题从正面考察小学生对遵守升旗仪式规则的态度，第13题从反面考察小学生对考试作弊现象的态度，进而考察小学生的规则意识。二是一般性的问题，即当遵守规则与个人利益之间相冲突时如何选择，如第39题。所设计的三道题还内含着爱国、诚信两个德目（表3-1）。

表 3-1 调查问卷结构——规则价值观

德 目	德目指向	层面	二级德目	题号	内 容
规则 （共3题）	守规事件	学校日常 活动	爱国	16	遵守升旗规则
	违规事件		诚实	13	考试作弊现象
	一般性问题	—	—	39	有时遵守规则会吃亏，所以不必事事都遵守

二、小学生对规则的态度

（一）小学生对"遵守升旗规则"的态度

在抽查的3113人中，有效样本为3087个，缺失26个（表3-2）。对"升国旗时老师要求我们衣着整洁、佩戴红领巾，脱帽，面向国旗行注目礼或队礼"的规则，84.0%的小学生选择应该这样做，且理由是"因为这是学校的要求，小学生应该遵守"（选项D）；11.5%的小学生选择"老师怎么要求，我就怎么做，没什么想法"（选项C）。另有2.5%和2.0%的小学生选择了"我高兴就这样做，不高兴就不做"（选项B）及"这些形式完全没必要"（选项A）。缺失的26个样本分为三种情况：没有进行选择、多选或填入文字。在对"其他"选项的调查中发现，小学生的文字表述主要是"应该尊重国旗"、"尊重被先烈鲜血染红的国旗"等。可见，绝大部分小学生非常认同应该遵守升国旗规则，其理由要么是学校要求，要么是老师要求，还有的小学生给出了对国旗内涵的理解，但也不能忽略近5%的小学生缺乏遵守此项规则的意识。

表 3-2　小学生对"遵守升旗规则"的态度

题　干	选　项	人　数	有效百分比
遵守升旗规则	A	62	2.0
	B	76	2.5
	C	355	11.5
	D	2594	84.0
	总计	3087	100.0

（二）小学生对"考试作弊现象"的态度

在抽查的 3113 人中，有效样本为 3025 个，缺失 88 个（表 3-3）。"针对个别同学考试作弊的现象"，认为"太恶劣了，应该制止"（选项 C）的小学生占 55.1%；认为"不管别人怎么样，我都不作弊"（选项 D）的小学生占 39.0%，也有 3.4% 和 2.5% 的小学生认为"很正常"（选项 A）或"无所谓"（选项 B）。在"其他"一项（选项 E）上，小学生填写的内容有"劝阻别人不考试作弊，自己也不考试作弊"，"应该告诉他不要考试作弊，就算考试作弊考了一个好成绩，也不是自己的本事"，"我不会考试作弊"，"考试作弊不是好学生"，等等。可见，绝大部分小学生对考试作弊现象都有明确的谴责或抵制态度。

表 3-3　小学生对"考试作弊现象"的态度

题　干	选　项	人　数	有效百分比
考试作弊现象	A	104	3.4
	B	75	2.5
	C	1667	55.1
	D	1179	39.0
	总计	3025	100.0

（三）小学生对"有时遵守规则会吃亏，所以不必事事都遵守"的态度

在面对遵守规则与个人利益相冲突一题上，在抽查的 3113 人中，有效样

本为3070个,缺失43个(表3-4)。对"有时遵守规则会吃亏,所以不必事事都遵守规则"的观点,59.6%的小学生选择"完全不同意",14.7%的小学生选择"大部分不同意",两者相加为74.3%;另有10.2%和7.8%的小学生选择"完全同意"或"大部分同意",还有7.7%的小学生选择"基本同意",三项相加为25.7%。可见,面对遵守规则与个人利益的冲突,3/4的小学生选择坚持遵守规则,1/4的小学生则选择放弃规则。

表3-4 小学生对"有时遵守规则会吃亏,所以不必事事都遵守规则"的态度

题 干	选 项	人 数	有效百分比
有时遵守规则会吃亏,所以不必事事都遵守	完全不同意	1831	59.6
	大部分不同意	450	14.7
	基本同意	237	7.7
	大部分同意	239	7.8
	完全同意	313	10.2
	总计	3070	100.0

第二节 小学生规则价值观的影响因素分析

一、社会因素

(一)城乡

城乡小学生对"有时遵守规则会吃亏,所以不必事事都遵守"的态度存在显著差异(表3-5)。其中,选择"完全不同意"的农村小学生比率高出城市小学生约6.25个百分点;选择"大部分不同意"的城市小学生比率高出农村小学生约6.43个百分点;其他几项两者比例比较接近。可见,城乡小学生对"有时遵守规则会吃亏,所以不必事事都遵守"的态度,仅在"完全不同意"与"大部分不同意"两项上存在程度差异,而不存在实质差异。

表 3-5 城乡小学生对"有时遵守规则会吃亏，所以不必事事都遵守"态度的差异检验

			完全不同意	大部分不同意	基本同意	大部分同意	完全同意	总计	皮尔森卡方检验
有时遵守规则会吃亏，所以不必事事都遵守	农村	人数	1193	236	146	151	199	1925	25.208**
		百分比	61.97	12.26	7.58	7.84	10.34	100.0	
	城市	人数	638	214	91	88	114	1145	
		百分比	55.72	18.69	7.95	7.69	9.96	100.0	
	合计	人数	1831	450	237	239	313	3070	
		百分比	59.6	14.7	7.7	7.8	10.2	100.0	

注：** 为 0.01 水平显著

（二）民族

结果显示，民族因素对小学生遵守规则意识有一定的影响（表 3-6）。其中，汉族小学生选择"完全不同意"的比率（58.58%）高出少数民族小学生（47.40%）11.18 个百分点。而少数民族学生选择"完全同意"、"大部分同意"和"基本同意"的比率合计高出汉族小学生 10.36 个百分点。可见，汉族小学生比少数民族小学生更倾向于选择不同意"有时遵守规则会吃亏，所以不必事事都遵守"的观点。

表 3-6 不同民族小学生对"有时遵守规则会吃亏，所以不必事事都遵守"态度的差异检验

			完全不同意	大部分不同意	基本同意	大部分同意	完全同意	总计	皮尔森卡方检验
有时遵守规则会吃亏，所以不必事事都遵守	汉族	人数	1726	414	213	211	285	2849	15.686**
		百分比	58.58	14.53	7.48	7.41	10.00	100.0	
	少数民族	人数	82	30	19	23	19	173	
		百分比	47.40	17.34	10.98	13.29	10.98	100.0	
	合计	人数	1808	444	232	234	304	3022	
		百分比	59.6	14.7	7.7	7.8	10.2	100.0	

注：** 为 0.01 水平显著

二、家庭因素

(一) 父母受教育程度

1. 父母受教育程度不同的小学生对"考试作弊现象"态度的差异检验

结果显示，父母双方受教育程度影响小学生对"考试作弊现象"的态度（表3-7）。存在较大比率差异的选项是C和D。选择C"太恶劣了，应该制止"的小学生中，父母双方学历均为大学及以上的比率（59.48%），高于父母双方学历均为大学以下和父母一方学历为大学及以上的比率（分别为52.05%和42.96%）。选择D"不管别人怎么样，我都不作弊"的小学生中，父母一方学历为大学及以上的比率（50.93%）高于父母双方学历均为大学以下和父母双方学历均为大学及以上的比率（分别为43.22%和34.72%）。可见，相比而言，对考试作弊现象，父母双方学历均为大学及以上的小学生更倾向于选择谴责；而父母一方学历为大学及以上的小学生更倾向于选择无论如何考试都不作弊。

表3-7 父母受教育程度不同的小学生对"考试作弊现象"态度的差异检验

			A	B	C	D	总计	皮尔森卡方检验
考试作弊现象	父母双方学历在大学以下	人数	9	6	165	137	317	
		百分比	2.84	1.89	52.05	43.22	100.0	
	父母一方学历在大学及以上	人数	18	15	232	275	540	
		百分比	3.33	2.78	42.96	50.93	100.0	31.143**
	父母双方学历在大学及以上	人数	66	52	1211	707	2036	
		百分比	3.25	2.55	59.48	34.72	100.0	
	总计	人数	93	73	1608	1119	2893	
		百分比	3.2	2.5	55.6	38.7	100.0	

注：** 为0.01水平显著

2. 父母受教育程度不同的小学生对"有时遵守规则会吃亏,所以不必事事都遵守"态度的差异检验

结果显示,父母受教育程度影响小学生对"有时遵守规则会吃亏,所以不必事事都遵守"的态度(表3-8)。其中,选择"完全不同意"的比率,父母双方学历均为大学及以上的小学生(57.22%),低于父母双方学历为大学以下或父母一方学历为大学以上的小学生(分别为60.07%和61.27%),父母一方学历为大学及以上的小学生选择比率最高;选择"大部分不同意"的比率,父母双方学历均为大学及以上的小学生最高(19.86%);从两者之和看,对"有时遵守规则会吃亏,所以不必事事都遵守"持否定态度的比率,父母双方学历均为大学及以上的小学生最高(57.22% + 19.86% = 77.08%),其次是父母一方学历为大学及以上的小学生(61.27% + 13.29% = 74.56%),最低是父母双方学历均为大学以下的小学生(60.07% + 13.41% = 73.48%)。可见,当遵守规则与个人利益发生冲突时,相比较而言,父母受教育程度较高的小学生比父母受教育程度较低的小学生更倾向于选择遵守规则,而且有条件地遵守的比例更大些。

表3-8 父母受教育程度不同的小学生对"有时遵守规则会吃亏,所以不必事事都遵守"态度的差异检验

			完全不同意	大部分不同意	基本同意	大部分同意	完全同意	总计	皮尔森卡方检验
有时遵守规则会吃亏,所以不必事事都遵守	父母双方学历在大学以下	人数	1277	285	171	162	231	2126	
		百分比	60.07	13.41	8.04	7.62	10.87	100.0	
	父母一方学历在大学及以上	人数	212	46	25	35	28	346	
		百分比	61.27	13.29	7.23	10.12	8.09	100.0	21.528**
	父母双方学历在大学及以上	人数	337	117	41	41	53	589	
		百分比	57.22	19.86	6.96	6.96	9.00	100.0	
	总计	人数	1826	448	237	238	312	3061	
		百分比	59.7	14.6	7.7	7.8	10.2	100.0	

注:** 为0.01水平显著

(二) 家境

1. 不同家境小学生对"遵守升旗规则"态度的差异检验

结果显示,家境因素对小学生遵守升旗规则的态度影响显著(表3-9)。其中,来自富有家庭的小学生选择"我高兴就这样做,不高兴就不做"(选项B)和"这些形式完全没必要"(选项A)的比率,相比于其他两组是最高的(3.92% + 3.92% = 7.84%);来自贫困家庭的小学生选择"老师怎么要求,我就怎么做,没什么想法"(选项C)的比率(16.13%),相比于其他两组是最高的;来自一般家庭的小学生选择"应该这样做"(选项D)的比率,相比于其他两组是最高的(85.57%)。可见,相比较而言一般家庭的小学生更能主动遵守升旗规则,贫困家庭的小学生更为被动地遵守,富有家庭的小学生则更多地从自己利益出发或认为没必要遵守。

表3-9 不同家境的小学生对"遵守升旗规则"态度的差异检验

			A	B	C	D	总计	皮尔森卡方检验
遵守升旗规则	贫困	人数	8	7	40	193	248	17.140**
		百分比	3.23	2.82	16.13	77.82	100.0	
	一般	人数	42	54	261	2117	2474	
		百分比	1.70	2.18	10.55	85.57	100.0	
	富有	人数	4	4	16	78	102	
		百分比	3.92	3.92	15.69	76.47	100.0	
	总计	人数	54	65	317	2388	2824	
		百分比	2.0	2.5	11.5	84.00	100.0	

注:** 为0.01水平显著

2. 不同家境小学生对"考试作弊现象"态度的差异检验

结果显示,家境影响小学生对考试作弊现象的态度(表3-10)。选择A"很正常"的比率,家境一般的小学生最低为(3.01%),选择C"太恶劣了,应该制止"的比率,家境一般的小学生也最高(56.77%),其次是家境贫困的小学生(47.52%),而家境富有的小学生最低(46.32%)。选择D"不管别人怎么样,我都不作弊"的比率,家境富有的小学生最高(45.26%),其次是家境贫困的小学生(42.98%),而家境一般的小学生最低(37.79%)。可见,对考试作弊现象,家境一般的小学生比其他家境的小学生更倾向于持谴责态度,而家境富有的小学生相比于其他家境的小学生更倾向于选择"洁身自好"。

表3-10 不同家境小学生对"考试作弊现象"的态度的差异检验

			A	B	C	D	总计	皮尔森卡方检验
考试作弊现象	贫困	人数	16	7	115	104	242	18.570**
		百分比	6.61	2.892	47.52	42.98	100.0	
	一般	人数	73	59	1379	918	2429	
		百分比	3.01	2.43	56.77	37.79	100.0	
	富有	人数	6	2	44	43	95	
		百分比	6.31	2.11	46.32	45.26	100.0	
	总计	人数	95	68	1538	1065	2766	
		百分比	3.4	2.5	55.1	39.0	100.0	

注:*为0.01水平显著

三、个人因素

(一)独生子女

结果显示,是不是独生子女对小学生规则意识发展有一定的影响(表3-11)。总的看来,对"有时遵守规则会吃亏,所以不必事事都遵守规则"这一观点,选择"完全不同意"的比率,独生子女与非独生子女几乎没有差异;而选择"大部分不同意"的比率两者差异最大,独生子女(16.25%)高出非独生子女(12.85%)3.4个百分点。可见,独生子女相比于非独生子女更倾向于选择遵守规则。

表 3-11 独生子女和非独生子女小学生对"有时遵守规则会吃亏，所以不必事事都遵守规则"态度的差异检验

			完全不同意	大部分不同意	基本同意	大部分同意	完全同意	总计	皮尔森卡方检验
有时遵守规则会吃亏，所以不必事事都遵守规则	独生子女	人数	937	253	111	103	153	1557	10.430*
		百分比	60.18	16.25	7.13	6.62	9.83	100.0	
	非独生子女	人数	814	173	109	116	134	1346	
		百分比	60.48	12.85	8.10	8.62	9.96	100.0	
	总计	人数	1751	426	220	219	287	2903	
		百分比	59.6	14.7	7.7	7.8	10.2	100.0	

注：* 为 0.05 水平显著

（二）性别

1. 不同性别小学生对"遵守升旗规则"态度的差异检验

结果显示，性别因素影响小学生对遵守升国旗规则的态度，在选择比率上存在较大差异的选项是 A、C 和 D（表 3-12）。选择"没必要遵守"（选项 A）的比率，男生（3.98%）高于女生（0.90%）；选择"应该遵守"（选项 D）的比率，女生（87.55%）高于男生（80.48%）；选择"按照老师要求做，没什么想法"（选项 C）的比率男生（13.49%）高于女生（9.55%）。可见，无论是男生还是女生，绝大部分小学生都选择了遵守升国旗的规则，相比较而言，认为"没必要遵守"和"按照老师要求做"的男生比率比女生略高一些。

表 3-12 不同性别小学生对"遵守升旗规则"的态度的差异检验

			A	B	C	D	总计	皮尔森卡方检验
遵守升旗规则	男生	人数	47	45	206	1229	1527	36.100**
		百分比	3.98	2.95	13.49	80.48	100.0	
	女生	人数	14	31	148	1357	1550	
		百分比	0.90	2.00	9.55	87.55	100.0	
	总计	人数	61	76	354	2586	3077	
		百分比	2.0	2.5	11.5	84.0	100.0	

注：** 为 0.01 水平显著

2. 不同性别小学生对"有时遵守规则会吃亏，所以不必事事都遵守规则"态度的差异检验

结果显示，性别影响小学生对"有时遵守规则会吃亏，所以不必事事都遵守规则"的态度，在"完全同意"和"完全不同意"两个选项上存在较大的比率差异（表3-13）。对"有时遵守规则会吃亏，所以不必事事都遵守规则"的观点，选择"完全同意"的比率，男生（12.75%）高于女生（7.54%）；而选择"完全不同意"的比率，女生（62.61%）高于男生（56.80%）。可见，面对遵守规则与个人利益相冲突的情况，相对而言，女生比男生更倾向于选择遵守规则。

表3-13 不同性别小学生对"有时遵守规则会吃亏，所以不必事事都遵守规则"态度的差异检验

			完全不同意	大部分不同意	基本同意	大部分同意	完全同意	总计	皮尔森卡方检验
有时遵守规则会吃亏，所以不必事事都遵守规则	男生	人数	864	222	121	120	194	1521	
		百分比	56.80	14.60	7.96	7.89	12.75	100.0	
	女生	人数	963	228	114	117	116	1538	25.223**
		百分比	62.61	14.82	7.41	7.61	7.54	100.0	
	合计	人数	1827	450	235	237	310	3059	
		百分比	59.6	14.7	7.7	7.8	10.2	100.0	

注：** 为0.01水平显著

（三）年级

1. 不同年级小学生对"遵守升旗规则"态度的差异检验

结果显示，年级因素对小学生遵守升旗规则的态度影响显著（表3-14）。不同年级学生之间存在较大比率差异的选项是C和D。选择"应该遵守"（选项D）的比率，六年级学生（86.09%）最高，其次是四年级学生（85.65%），最低是五年级学生（80.11%）；选择"按照老师要求做，没什

么想法"（选项 C）的比率，五年级学生（13.84%）高于四年级学生（10.17%）和六年级学生（10.53%）；选择"遵守与否随自己高兴"（选项 B）和"没必要遵守"（选项 A）的比率，五年级学生（分别为 3.03% 和 3.03%）略高于四年级学生（分别为 2.66% 和 1.52%）和六年级学生（分别为 1.88% 和 1.50%）。可见，四年级和六年级小学生选择遵守升旗规则的人数比例相对高于五年级小学生。

表 3-14　年级不同的小学生对"遵守升旗规则"态度的差异检验

			A	B	C	D	总计	皮尔森卡方检验
遵守升旗规则	四年级	人数	16	28	107	901	1052	19.735**
		百分比	1.52	2.66	10.17	85.65	100.0	
	五年级	人数	28	28	128	741	925	
		百分比	3.03	3.03	13.84	80.11	100.0	
	六年级	人数	16	20	112	916	1064	
		百分比	1.50	1.88	10.53	86.09	100.0	
	总计	人数	60	76	347	2558	3041	
		百分比	2.0	2.5	11.5	84.0	100.0	

注：** 为 0.01 水平显著

2. 不同年级小学生对"考试作弊现象"态度的差异检验

结果显示，不同年级的小学生对"考试作弊现象"的态度存在显著差异，其中比率差异较大的选项是 C 和 D（表 3-15）。选择 C"太恶劣了，应该制止"的比率，四年级小学生为 51.36%，五年级小学生为 60.29%，六年级小学生为 53.91%；选择 D"不管别人怎么样，我都不作弊"的比率，四年级小学生为 44.19%，五年级小学生为 33.15%，六年级小学生为 39.45%。可见，面对考试作弊现象，相对而言，五年级小学生比四年级和六年级小学生更倾向于持谴责态度，而他们选择自律的比例低于四年级和六年级小学生。

表3-15 不同年级小学生对"考试作弊现象"态度的差异检验

			A	B	C	D	总计	皮尔森卡方检验
考试作弊现象	四年级	人数	64	52	1192	705	2013	
		百分比	2.13	2.33	51.36	44.19	100.0	
	五年级	人数	10	6	163	137	316	
		百分比	3.78	2.78	60.29	33.15	100.0	31.143**
	六年级	人数	18	15	230	275	538	
		百分比	4.20	2.44	53.91	39.45	100.0	
	总计	人数	92	73	1585	1117	2867	
		百分比	3.2	2.5	55.3	39.0	100.0	

注：** 为0.01水平显著

总的来说，面对考试作弊现象，五年级小学生比四年级和六年级小学生更倾向于予以道德谴责，而四年级小学生比五年级和六年级小学生更倾向于洁身自好，保证自己考试不作弊。

3. 不同年级小学生对"有时遵守规则会吃亏，所以不必事事都遵守规则"态度的差异检验

结果显示，年级因素影响小学生对"有时遵守规则会吃亏，所以不必事事都遵守规则"的态度（表3-16）。选择"完全同意"和"大部分同意"的比率，五年级小学生最高（分别为13.11%和8.34%）；选择"完全不同意"的比率，四年级小学生最高（64.29%）；选择"大部分不同意"的比率，六年级小学生最高（18.46%）。总的来看，五年级小学生选择不同程度地同意"有时遵守规则会吃亏，所以不必事事都遵守规则"这一说法的比率最高（29.68%），接近30%，而四年级小学生和六年级小学生分别为23.64%和23.90%，两者比率接近。可见，相比较而言，四年级和六年级小学生选择遵守规则的比例接近，均高于五年级小学生。

表 3-16 不同年级小学生对"有时遵守规则会吃亏，
所以不必事事都遵守规则"态度的差异检验

			完全不同意	大部分不同意	基本同意	大部分同意	完全同意	总计	皮尔森卡方检验
有时遵守规则会吃亏，所以不必事事都遵守规则	四年级	人数	666	125	68	77	100	1036	
		百分比	64.29	12.07	6.56	7.43	9.65	100.0	
	五年级	人数	527	122	76	77	121	923	
		百分比	57.10	13.22	8.23	8.34	13.11	100.0	38.538**
	六年级	人数	615	197	89	81	85	1067	
		百分比	57.64	18.46	8.34	7.59	7.97	100.0	
	总计	人数	1808	444	233	235	306	3026	
		百分比	59.6	14.7	7.7	7.8	10.2	100.0	

注：** 为 0.01 水平显著

（四）班级干部

结果显示，班级干部因素影响小学生对"考试作弊现象"的态度（表 3-17）。选择 A"很正常"的比率，担任过班级干部的小学生为 4.35%，没有担任过班级干部的小学生为 2.54%；选择 C"太恶劣了，应该制止"的比率，担任过班级干部的小学生为 54.00%，没有担任过班级干部的小学生为 56.79%。选择 D"不管别人怎么样，我都不作弊"的比率，担任过班级干部的小学生为 39.47%，没有担任过班级干部的小学生为 38.12%。

表 3-17 担任过和没有担任过班级干部的小学生对"考试作弊现象"态度的差异检验

			A	B	C	D	总计	皮尔森卡方检验
考试作弊现象	担任过班级干部	人数	54	27	669	489	1239	
		百分比	4.35	2.18	54.00	39.47	100.0	
	没有担任过班级干部	人数	39	39	870	584	1532	8.376*
		百分比	2.54	2.55	56.79	38.12	100.0	
	总计	人数	93	66	1539	1073	2771	
		百分比	3.4	2.5	55.1	39.0	100.0	

注：* 为 0.05 水平显著

第三节　基本结论、讨论与建议

一、基本结论与讨论

(一) 基本结论

总的来看，当代小学生的规则意识很强，对学校的升旗规则和考试规则，绝大多数小学生都表示认同，这反映了当代小学生对爱国、诚实、自律等价值观的认同。但当遵守规则与个人利益相冲突时，小学生的看法却呈现出多样化。分析表明，社会、家庭、个人三类共九项因素对小学生的规则意识有不同程度的影响（表3-18）。其中，社会因素仅仅影响小学生对吃亏了是否还要遵守规则的态度，而对小学生遵守升旗规则与考试规则态度均无影响；在三项家庭因素中，父母受教育程度与家境两项因素影响小学生的规则意识；在四项个人因素中，是否独生子女和是否担任过班级干部两项因素各影响所考察的小学生规则意识的一个方面，而性别因素影响两个方面，年级因素影响三个方面。

表3-18　影响小学生规则价值观的因素

项目	社会因素		家庭因素			个人因素				总计
	城乡	民族	父母受教育程度	家境	家庭类型	是否独生子女	性别	年级	是否担任过班级干部	
升旗				●			●	●		3
考试			●	●				●	●	4
冲突	●	●	●			●	●	●		6
总计	1	1	2	2	0	1	2	3	1	13

1. 对遵守升旗规则，95%以上的小学生表示认同

升旗活动是学校对学生进行爱国主义教育的一项常规性活动，升旗活动规则蕴含着对小学生爱国情感的培养。要求小学生遵守升旗规则，既是培养他们的规则意识，也是培养他们的爱国情感。调查结果表明，对遵守升旗规则,95% 以上的小学生持认同态度,而且对遵守升旗规则的意义理解与国旗的含义密切相关。这一方面反映了学校德育在此方面的实效性是很强的,另一方面也与人的爱国情感融于民族血脉之中密切相关。但也有近5%的小学生缺乏遵守升旗规则的意识,这是不可忽视的现象,也是学校德育的重要关注点。

进一步分析表明,小学生对遵守升旗规则的态度,受家境、性别和年级等三项因素的影响。从家境看,相对而言,一般家境的小学生比贫困和富有家境的小学生更倾向于主动遵守规则,贫困家庭的小学生更倾向于被动遵守规则,富有家庭的小学生则更多地从自己出发或认为没必要遵守规则。从性别的角度看,相对而言,女生比男生更倾向于选择遵守规则,这也符合小学阶段男女生的性别特点。从年级的角度看,不同年级的小学生对遵守升旗规则的态度有一定差异,其中,五年级小学生的规则意识弱于四年级和六年级的小学生,四年级和六年级小学生的规则意识基本一致。

2. 对考试作弊现象,约95%的小学生持明确的否定态度

考试规则是学校最基本的规则,是检测教学效果、公平公正地考核学生学业成绩的保证,是学生在校必须遵守的规则。对考试作弊现象,约95%的小学生持明确的否定态度,而且从他们填写的考试不作弊的理由看,当代小学生仍看重诚实与自律的品质,认为好学生是不应该考试作弊的,但也有5.9%的小学生认为考试作弊很正常或无所谓。

进一步分析发现,小学生对考试作弊的态度,受到父母受教育程度、家境、年级和是否担任过班级干部等四项因素的影响。在持谴责态度的小学生中,一般家境的小学生、父母双方学历均在大学及以上的小学生、五年级小学生所占比例均高于其他类型的小学生;选择无论如何考试都不作弊的小学生中,富有家境的小学生中、父母一方学历为大学及以上的小学生、四年级小学生所占的比例均高于其他类型的小学生。虽然是否担任过班级干部因素在差异检验时呈现出 0.05 显著性水平上的差异,但无论是对考试作弊现象持谴责态度的小学生中,还是选择无论如何考试都不作弊的小学生中,没有担任过班级干部与担任过班级干部的小学生所占比例仅有1%左右的差异。

3. 小学生对"有时遵守规则会吃亏，所以不必事事都遵守规则"的态度呈现多样化

当遵守规则遭遇个人利益时，59.6%的小学生对"有时遵守规则会吃亏，所以不必事事都遵守规则"持坚决否定态度，有10.2%的小学生选择完全同意，其他小学生的选择（约30%）则处在两者之间。进一步分析可见，小学生对这一观点的态度受城乡、民族、父母受教育程度、是否独生子女、性别、年级等六项因素的影响。其中，城乡因素仅影响小学生的认同程度，并不影响实质；相比于少数民族小学生，汉族小学生更倾向于选择认同；父母受教育程度高的小学生更倾向于选择有条件地认同；独生子女比非独生子女更倾向于选择认同，女生比男生更倾向于选择认同；四年级和六年级小学生比五年级小学生更倾向于选择认同。

（二）讨论

1. 家庭因素对小学生规则价值观的影响

小学生的规则价值观受家庭影响很大。从问卷涉及的三个家庭因素看，父母受教育程度和家境分别影响小学生规则意识的两个方面。总的来看，不同家庭小学生的规则价值观比较接近，但也存在一定差异。如，面对遵守升旗规则和考试作弊现象，三种家境的小学生分别显示出三种不同的倾向性，这在一定程度上反映了三种家境人群对待规则的态度。也就是说，不同家境的人群面对规则会有一定程度的选择差异，这种选择差异在家庭生活中潜移默化地影响了小学生。

父母受教育程度对小学生规则价值观的影响表现在两个方面：对考试作弊的态度和对"有时遵守规则会吃亏，所以不必事事都遵守规则"的态度。总体来看，随着父母受教育程度的升高，小学生的规则意识也在增强，尤其是当面对冲突与矛盾时，父母双方学历程度高的小学生更多地考虑条件，具有选择性，而不是盲目地肯定或否定。这可能是由于父母因其所受教育程度不同而营造出不同的家庭文化，这些不同的家庭文化对小学生潜移默化地产生了不同的影响。这也是当代小学生价值观变化的一个显现。

2. 五年级小学生与四年级和六年级小学生的差异

在影响小学生规则价值的因素中，年级是唯一一个对各个方面都有影响

的因素。年级不同的小学生对遵守规则的态度存在差异，其中，五年级小学生遵守规则的意识比四年级和六年级小学生略弱一些，四年级和六年级小学生比较接近。如近1/3的五年级小学生对于"有时遵守规则会吃亏，所以不必事事都遵守规则"观点，会不同程度地选择同意，其比率高出四年级和六年级小学生约6个百分点。这一方面表明小学生的规则意识与其成长阶段有关，五年级小学生处在由小学中段向高段过渡时期，思维和行为都比较活跃、"动荡"，另一方面也说明学校教育对小学生规则价值观的影响很大。小学教育一般注重"两头"而忽视"中间"，尤其是对五年级小学生的教育重视不够，这也可能是影响五年级小学生规则意识发展的一个主要因素。

3. 小学生面对遵守规则与个人利益冲突时的选择呈现多样化

小学生在面对遵守规则与个人利益冲突时的选择呈现出多样化，这是当今社会多元价值取向的反映。在社会多元价值取向并存的时代，当遵守规则与个人利益发生冲突时，作为个体的人到底该如何选择？这不仅是小学生所面临的问题，也是当代社会所面临的一个普遍性问题。

二、建议

规则潜移默化地影响和塑造一个人的信念与生活行为。小学生的规则意识和遵守规则的能力是他们社会性适应的基本内涵，关涉他们未来的生存与发展，是小学教育的重要内容。鉴于调查结果及分析，学校对小学生的规则教育，应着重以下几方面。

（一）重视家境对小学生规则价值观的影响

相对而言，一般家境对小学生的道德成长更为有利，贫困和富有家境对小学生的道德成长各有其优势也各有其弊端。学校要特别关注贫困和富有家境的小学生，帮助他们克服家境因素的负向影响，形成正确的规则意识与遵守规则的能力。

（二）特别重视五年级学生的规则教育

五年级小学生有其自身的特点：对小学生活非常熟悉，还没有升入初中的"紧迫感",同时自身发育开始进入青春期等。所有这些都是小学教育必须考虑的因素,在规则教育中,应针对他们的身心发展特点,提供情理交融的教育内容与方式,引导他们理解规则及遵守规则的意义,帮助他们养成主动遵守规则的意识与能力,培养他们自觉遵守规则的品质。

(三) 加大对小学生正确面对遵守规则与个人利益冲突的教育

一个人应如何面对遵守规则与个人利益的冲突?这并不是一个出于自然或自然而然形成的认识或品质,而是需要教育的。学校教育要关注社会生活和小学生生活中有关遵守规则与个人利益相冲突的事件,借此引导小学生辨析是非,正确取舍,帮助小学生正确认识两者之间的关系,以培养他们的理性思考能力与自主选择能力,使他们能在具体实践中恰当处理两者之间的关系。同时,这方面的教育也需要学校、家庭、社会三方面共同努力。

第四章

小学生的尊重价值观

何谓尊重？在《汉语大辞典》中，"尊重"的含义有敬重与重视，尊贵与显要，庄重与自重等。① 在《伦理学大辞典》中，尊重表示对待他人及其价值的态度，它要求人们在与他人交往过程中，承认他人的人格尊严，肯定他人的权利和自由，重视他人的智慧和才能，理解他人的信念和情感，相信他人的处世和为人，对他人富有同情心、正义感，举止礼貌，诚恳谦逊，以礼待人。尊重的拉丁文意思是"关心你的周围"。关心周围是尊重他人的一种表现，不尊重则是不论做什么事，都没有顾及四周或他人的感受。② 弗洛姆在《爱的艺术》中指出，尊重意味着能够按照其本来面目看待某人，能够意识到他的独特个性，尊重意味着关心另一个人，使之按照其本性成长和发展。③ 概言之，尊重有多层含义，最为基本的意思是关心周围，顾虑他人的感受；第二层意思意味着一种真诚的认可，对自己、他人以及社会的价值、能力、行为等的承认与认可，其中也伴随着赏识、赞扬、佩服、肯定、支持、

---

① 参见：汉语大辞典 [M]. 上海：汉语大辞典出版社，1998：1283.
② 庞斯. 20个影响孩子发展的价值观 [M]. 南昌：江西美术出版社，2008：1.
③ 弗洛姆. 为自己的人 [M]. 上海：上海三联书店，1988：250.

高度评价等；第三层意思可以理解为能够按照一个人的本来面目看待某人，关心他并使他按照其本性成长和发展。

尊重包括自尊和尊重他人两方面。自尊是尊重自己，不向别人卑躬屈膝，也不容许别人歧视、侮辱自己，是外界对个体的肯定和满足。多数学者认为，自尊是在接受他人和社会的评价过程中形成的。尊重他人是个体之人对他人、社会环境的尊重，包括尊重他人的自由和选择以及客观地看待社会问题，勇于承担社会责任。在此，对小学生尊重价值观的考察包含上述三层含义以及自尊与尊人两个方面。

第一节 小学生尊重价值观的描述性分析

一、调查问卷的结构与编制意图

本问卷从自尊和尊人两个维度以及个人、权威、同伴三个层次来考察小学生的尊重价值观现状（表4-1）。其中，第28题考察小学生的自尊意识，第5题考察小学生对父母的尊重意识，第6题考察小学生对老师的尊重意识，第7题考察小学生对同学的尊重意识。

表4-1 调查问卷结构——尊重价值观

德目	德目指向	层面	二级德目	题号	内容
尊重 （共4题）	自己	个人	自尊	28	别人嘲笑自己，感觉伤自尊
	父母	权威	尊人	5	妈妈特意为我做了一件事，但是不合我意
	老师			6	老师批评我，而我认为是被冤枉的
	同学	同伴		7	同学指出我的缺点，我会如何对待

二、小学生的尊重价值观状况

（一）小学生对"别人嘲笑自己，感觉伤自尊"的态度

在抽查的3113人中，有效样本为3050个，缺失63个（表4-2）。对

"别人嘲笑自己，感觉伤自尊"的观点，42.0%的小学生"完全同意"，20.7%的小学生"大部分同意"，20.2%的小学生"基本同意"。选择"大部分不同意"和"完全不同意"的小学生分别占总体的8.1%和9.0%。结果显示，80%以上的小学生在自己被别人嘲笑时都会感到自尊受到伤害，近20%的小学生不同意这种说法。

表4-2 小学生对"别人嘲笑自己，感觉伤自尊"的态度

题 干	选 项	人 数	有效百分比
别人嘲笑自己，感觉伤自尊	完全不同意	275	9.0
	大部分不同意	246	8.1
	基本同意	616	20.2
	大部分同意	631	20.7
	完全同意	1282	42.0
	总计	3050	100.0

（二）小学生对"妈妈特意为我做了一件事，但是不合我意"的态度

在抽查的3113人中，有效样本为3074个，缺失39个（表4-3）。对"妈妈特意为我做了一件事，但是不合我意"的情况，67.5%的小学生选择了"虽不喜欢，但会愉快接受"（选项D），23.5%的小学生选择了"虽不喜欢，但怕妈妈伤心，勉强接受"（选项C），7.2%的小学生选择了"直接告诉她我不接受"（选项B）。缺失的39个样本分三种情况：没有进行选择、多选或填入了文字。在对"其他"一项（选项E）进行统计时发现，小学生的文字表述主要是"应该愉快地接受"、"就算愉快地接受，但也要跟妈妈好好沟通自己的想法"等。可见，90%以上的小学生能够顾及母亲的感受，懂得尊重母亲。也有不到10%的小学生不能顾及母亲的感受，缺乏尊重意识。从小学生所填写的"其他"选项的内容看，有的小学生已经有了与母亲平等交流沟通的意识。

表4-3 小学生对"妈妈特意为我做了一件事,但是不合我意"的态度

题 干	选 项	人 数	有效百分比
妈妈特意为我做了一件事,但是不合我意	A	55	1.8
	B	220	7.2
	C	723	23.5
	D	2076	67.5
	总计	3074	100.0

(三) 小学生对"老师批评我,而我认为是被冤枉的"的态度

在抽查的3113人中,有效样本为3053个,缺失60个(表4-4)。对"老师批评我,而我认为是被冤枉的"一题,79.4%的小学生选择了"事后和老师澄清事实,并宽容老师的这次失误"(选项D);9.9%的小学生选择了"批评就批评了,无所谓"(选项C);2.7%的小学生选择了"当时不争辩,心里记恨老师"(选项B);8.0%的小学生选择了"当时就和老师争辩,因为我明明没有错"(选项A)。在对"其他"(选项E)的统计中发现,小学生的文字表述主要是"老师批评自己是有道理的"、"要反省自己"等。可见,近80%的小学生能够尊重教师,但这种尊重不仅是将教师作为"权威"来尊重,也体现出一种平等的"澄清"与"宽容"。当然,也有一成多的小学生缺乏对教师的尊重意识,而近10%的小学生选择"无所谓",对此,我们还不能明晰他们对教师的态度如何。

表4-4 小学生对"老师批评我,而我认为是被冤枉的"的态度

题 干	选 项	人 数	有效百分比
老师批评我,而我认为是被冤枉的	A	244	8.0
	B	83	2.7
	C	302	9.9
	D	2424	79.4
	总计	3053	100.0

（四）小学生对"同学指出我的缺点"的态度

在抽查的 3113 人中，有效样本为 3017 个，缺失 96 个（表 4-5）。对"同学指出我的缺点"一题，81.8% 的小学生选择"虚心接受"（选项 D）；6.2%、5.4%、6.6% 的小学生分别选择了"不理睬"（选项 C）、"表面接受，心里不服气"（选项 B）、"跟他争辩，也给他提意见"（选项 A）。缺失的 96 个样本分三种情况：没有进行选择、多选或填入了文字。在对"其他"（选项 E）的统计中发现，小学生的文字表述主要是"也给他提意见"、"人无完人，有缺点也是不可避免的"等。可见，80% 以上的小学生在同学指出自己的缺点时能够虚心接受，懂得尊重同学，但也有近 20% 的小学生不是这样。

表 4-5 小学生对"同学指出我的缺点"的态度

题 干	选 项	人 数	有效百分比
	A	199	6.6
	B	163	5.4
同学指出我的缺点	C	187	6.2
	D	2468	81.8
	总计	3017	100.0

第二节　小学生尊重价值观的影响因素分析

调查发现，在社会、家庭和个人三方面的九项影响因素中，除了民族和是否担任过班级干部两项因素外，其他各项因素对小学生的尊重意识发展都有不同程度的影响。

一、社会因素

经检验分析，在社会因素中，仅有城乡因素对小学生的自尊意识有影响，而该因素对其他方面也没有影响。从表 4-6 中可以看出，对"别人嘲笑自己，感觉伤自尊"一题，城乡小学生的选择差异达到了统计学上的显著。选择"同意"（包括基本同意、大部分同意和完全同意）的比率，农村小学生为 79.89%，城市小学生为 87.92%，其中选择"完全同意"的城市小学生的比率高出农村小学生 12.10 个百分点；选择"完全不同意"的农村小学生的比率高出城市小学生 4.28 个百分点。可见，城乡小学生在被人嘲笑是否感到伤自尊上是有差异的，相比较而言，城市小学生比农村小学生更倾向于认为被别人嘲笑伤自尊。

表 4-6 城乡小学生对"别人嘲笑自己，感觉伤自尊"态度的差异检验

			完全不同意	大部分不同意	基本同意	大部分同意	完全同意	总计	皮尔森卡方检验
别人嘲笑自己，感觉伤自尊	农村	人数	202	180	416	390	712	1900	59.145**
		百分比	10.63	9.47	21.89	20.53	37.47	100.0	
	城市	人数	73	66	200	241	570	1150	
		百分比	6.35	5.74	17.39	20.96	49.57	100.0	
	总计	人数	275	246	616	631	1282	3050	
		百分比	9.0	8.1	20.2	20.7	42.0	100.0	

注：** 为 0.01 水平显著

二、家庭因素

（一）父母受教育程度

1. 父母受教育程度不同的小学生对"别人嘲笑自己，感觉伤自尊"态度的差异检验

父母受教育程度影响小学生对"别人嘲笑自己，感觉伤自尊"的态度（表 4-7）。结果显示：父母双方学历均在大学及以上的小学生选择"完全同意"的比率最高（50.3%）；父母双方学历在大学以下或父母一方学历在大学及以上的小学生选择结果接近。可见，父母双方受教育程度均在大学及以上的小学生更倾向于认同"别人嘲笑自己，感觉伤自尊"的说法。

表 4-7 父母受教育程度不同的小学生对"别人嘲笑自己，感觉伤自尊"态度的差异检验

			完全不同意	大部分不同意	基本同意	大部分同意	完全同意	总计	皮尔森卡方检验
别人嘲笑自己，感觉伤自尊	父母双方学历在大学以下	人数	189	169	450	413	812	2033	27.226**
		百分比	9.3	8.3	22.1	20.3	39.9	100.0	
	父母一方学历在大学及以上	人数	32	28	59	73	131	323	
		百分比	9.9	8.7	18.3	22.6	40.6	100.0	
	父母双方学历在大学及以上	人数	38	35	89	116	281	559	
		百分比	6.8	6.3	15.9	20.8	50.3	100.0	
总计		人数	259	232	598	602	1224	2915	
		百分比	8.9	8.0	20.5	20.7	42.0	100.0	

注：** 为 0.01 水平显著

2. 父母受教育程度不同的小学生对"妈妈特意为我做了一件事，但是不合我意"态度的差异检验

父母受教育程度影响小学生对"妈妈特意为我做了一件事，但是不合我意"的态度（表 4-8）。其中，选择"勉强接受"（选项 C）比率最高的是父母双方学历均在大学以上的小学生（25.21%）；选择"愉快接受"（选项 D）比率最高的是父母一方学历在大学及以上的小学生（70.06%）；而选择"埋怨"（选项 A）或"直接拒绝"（选项 B）比率最高的是父母双方学历均在大学以下的小学生（分别为 1.97% 和 8.11%）。可见，父母一方或父母双方学历在大学及以上的小学生更倾向于尊重母亲的意愿。

表 4-8 父母受教育程度不同的小学生对"妈妈特意为我做了一件事，但是不合我意"态度的差异检验

			A	B	C	D	总计	皮尔森卡方检验
妈妈特意为我做了一件事，但是不合我意	父母双方学历在大学以下	人数	42	173	494	1425	2134	13.456*
		百分比	1.97	8.11	23.15	66.78	100.0	
	父母一方学历在大学及以上	人数	3	20	80	241	344	
		百分比	0.87	5.81	23.26	70.06	100.0	

续表

			A	B	C	D	总计	皮尔森卡方检验
妈妈特意为我做了一件事，但是不合我意	父母双方学历在大学及以上	人数	10	27	148	402	587	13.456*
		百分比	1.70	4.60	25.21	68.48	100.0	
	总计	人数	55	220	722	2068	3065	
		百分比	1.8	7.2	23.5	67.5	100.0	

注：* 为 0.05 水平显著

3. 父母受教育程度不同的小学生对"同学指出我的缺点"态度的差异检验

父母受教育程度影响小学生对"同学指出我的缺点"的态度（表4-9）。父母双方或父母一方学历在大学及以上的小学生选择"虚心接受"（选项D）的比率接近（分别为84.72%和84.26%），均高于父母双方学历在大学以下的小学生（80.52%）；而选择"不理睬"（选项C）或"表面接受"（选项B）甚至"跟他争辩"（选项A）的情况则相反。可见，父母的受教育程度影响小学生对同学的尊重意识，父母双方学历水平高的小学生更倾向于尊重同学。

表4-9 父母受教育程度不同的小学生对"同学指出我的缺点"态度的差异检验

			A	B	C	D	总计	皮尔森卡方检验
同学指出我的缺点	父母双方学历在大学以下	人数	155	123	129	1682	2089	18.260**
		百分比	7.42	5.89	6.18	80.52	100.0	
	父母一方学历在大学及以上	人数	11	14	29	289	343	
		百分比	3.21	4.08	8.45	84.26	100.0	
	父母双方学历在大学及以上	人数	33	26	29	488	576	
		百分比	5.73	4.51	5.03	84.72	100.0	
	总计	人数	199	163	187	2459	3008	
		百分比	8.0	2.7	9.9	79.4	100.0	

注：** 为 0.01 水平显著

（二）家境

1. 不同家境的小学生对"别人嘲笑自己，感觉伤自尊"态度的差异检验

不同家境的小学生对"别人嘲笑自己，感觉伤自尊"的态度存在显著差异（表4-10）。贫困家庭的小学生选择不同意（完全不同意和大部分不同意）的比率最高（25.7%），一般家境和富有家境的小学生选择比率接近，后者（17.8%）略高于前者（16.2%）。可见，一般家境的小学生更倾向于认为被人嘲笑伤自尊。

表4-10 家境不同的小学生对"别人嘲笑自己，感觉伤自尊"态度的差异检验

			完全不同意	大部分不同意	基本同意	大部分同意	完全同意	总计	皮尔森卡方检验
别人嘲笑自己，感觉伤自尊	贫困	人数	37	26	41	52	89	245	
		百分比	15.1	10.6	16.7	21.2	36.3	100.0	
	一般	人数	199	195	519	502	1024	2439	
		百分比	8.2	8.0	21.3	20.6	42.0	100.0	26.320**
	富有	人数	11	7	10	22	51	101	
		百分比	10.9	6.9	9.9	21.8	50.5	100.0	
	总计	人数	247	228	570	576	1164	2785	
		百分比	8.9	8.2	20.5	20.7	41.8	100.0	

注：** 为0.01水平显著

2. 不同家境的小学生对"老师批评我，而我认为是被冤枉的"态度的差异检验

家境因素影响小学生对"老师批评我，而我认为是被冤枉的"的态度（表4-11）。选择"事后澄清并宽容"（选项D）的比率，一般家境的小学生（80.72%）远高于贫困家境和富有家境的小学生（分别为72.98%和71.29%）；选择"当时就和老师争辩"（选项A）的比率，富有家境的小学生最高（12.87%）；而选择"无所谓"（选项C）的比率，贫困家境的小学生最高（14.11%）。可见，一般家境的小学生更倾向于选择尊重教

师，富有家境的小学生更倾向于维护自己的利益，而贫困家境的小学生则更倾向于不在意。

表 4-11 不同家境的小学生对"老师批评我，而我认为是被冤枉的"态度的差异检验

			A	B	C	D	总计	皮尔森卡方检验
老师批评我，而我认为是被冤枉的	贫困	人数	21	11	35	181	248	18.353**
		百分比	8.47	4.44	14.11	72.98	100.0	
	一般	人数	188	63	220	1972	2443	
		百分比	7.70	2.58	9.01	80.72	100.0	
	富有	人数	13	6	10	72	101	
		百分比	12.87	5.94	9.90	71.29	100.0	
	总计	人数	222	80	265	2225	2792	
		百分比	8.0	2.7	9.9	79.4	100.0	

注：** 为 0.01 水平显著

三、个人因素

（一）独生子女

1. 独生子女与非独生子女小学生对"别人嘲笑自己，感觉伤自尊"态度的差异检验

独生子女与非独生子女小学生对"别人嘲笑自己，感觉伤自尊"的态度存在显著差异（表 4-12）。其中，选择"完全同意"的独生子女小学生比率仅高出非独生子女小学生 8.9 个百分点；选择不同意（完全不同意和大部分不同意）的非独生子女小学生的比率高出独生子女小学生 6.3 个百分点。可见，独生子女小学生更倾向于认为被别人嘲笑伤自尊。

表 4-12　独生子女与非独生子女小学生对"别人嘲笑自己，
感觉伤自尊"态度的差异检验

			完全不同意	大部不同意	基本同意	大部分同意	完全同意	总计	皮尔森卡方检验
别人嘲笑自己，感觉伤自尊	独生子女	人数	114	99	285	334	719	1551	37.939**
		百分比	7.4	6.4	18.4	21.5	46.4	100.0	
	非独生子女	人数	138	129	301	265	499	1332	
		百分比	10.4	9.7	22.6	19.9	37.5	100.0	
	总计	人数	252	228	586	599	1218	2883	
		百分比	8.7	7.9	20.3	20.8	42.2	100.0	

注：** 为 0.01 水平显著

2. 独生子女与非独生子女小学生对"老师批评我，而我认为是被冤枉的"态度的差异检验

独生子女与非独生子女小学生对"老师批评我，而我认为是被冤枉的"的态度存在显著差异（表 4-13）。选择"事后澄清并宽容"（选项 D）的比率，非独生子女小学生（80.86%）略高于独生子女小学生（79.31%）；选择"无所谓"（选项 C）的比率，非独生子女小学生（10.16%）略高于独生子女小学生（9.08%）；选择"当时不争辩，心里记恨老师"（选项 B）的独生子女小学生比率（3.37%）远高于非独生子女小学生（1.78%）；选择"当时就和老师争辩"（选项 A）的比率，独生子女小学生（8.24%）高于非独生子女小学生（7.20%）。可见，相对而言，非独生子女小学生更倾向于尊重教师，独生子女小学生更倾向于顾及、主张自己的利益。

表 4-13　独生子女与非独生子女小学生对"老师批评我，
而我认为是被冤枉的"态度的差异检验

			A	B	C	D	总计	皮尔森卡方检验
老师批评我，而我认为是被冤枉的	独生子女	人数	127	52	140	1223	1542	9.032*
		百分比	8.24	3.37	9.08	79.31	100.0	
	非独生子女	人数	97	24	137	1090	1348	
		百分比	7.20	1.78	10.16	80.86	100.0	
	总计	人数	224	76	277	2313	2890	
		百分比	8.0	2.7	9.9	79.4	100.0	

注：* 为 0.05 水平显著

(二) 性别

1. 不同性别的小学生对"妈妈特意为我做了一件事,但是不合我意"态度的差异检验

经检验,不同性别的小学生对"妈妈特意为我做了一件事,但是不合我意"的态度存在显著差异(表4-14)。选择"虽不喜欢,但会愉快接受"(选项D)的比率,女生(70.41%)明显高于男生(64.62%);选择"虽不喜欢,但怕妈妈伤心,勉强接受"(选项C)的比率,男生(25.15%)高于女生(21.90%);而选择"埋怨她"(选项A)和"直接拒绝"(选项B)的比率,男生(分别为2.51%和7.72%)要高于女生(分别为1.10%和6.59%)。可见,对母亲的尊重,女生的情感成分多一点,而男生的理性成分多一点,相对而言,女生比男生更能理解母亲。

表4-14 不同性别的小学生对"妈妈特意为我做了一件事,但是不合我意"态度的差异检验

			A	B	C	D	总计	皮尔森卡方检验
妈妈特意为我做了一件事,但不合我意	男生	人数	38	117	381	979	1515	
		百分比	2.51	7.72	25.15	64.62	100.0	
	女生	人数	17	102	339	1090	1548	17.097**
		百分比	1.10	6.59	21.90	70.41	100.0	
	总计	人数	55	219	720	2069	3063	
		百分比	1.8	7.2	23.5	67.5	100.0	

注:** 为0.01水平显著

2. 不同性别的小学生对"老师批评我,而我认为是被冤枉的"态度的差异检验

对"老师批评我,而我认为是被冤枉的"一题,经检验,不同性别的小学生的选择存在显著差异(表4-15)。选择"事后和老师澄清事实,并宽容老师的这次失误"(选项D)的比率,女生(83.87%)显著高于男生(75.02%);而选择"当时就和老师争辩"(选项A)的比率,男生

（10.51%）高于女生（5.42%）；选择"当时不争辩，心理记恨老师"（选项B）的比率，男生（3.50%）高于女生（1.96%）。可见，女生比男生更倾向于尊重老师，而男生比女生更倾向于考虑自己的利益。

表4-15 不同性别的小学生对"老师批评我，而我认为是被冤枉的"态度的差异检验

			A	B	C	D	总计	皮尔森卡方检验
老师批评我，而我认为是被冤枉的	男生	人数	159	53	166	1135	1513	44.754**
		百分比	10.51	3.50	10.97	75.02	100.0	
	女生	人数	83	30	134	1284	1531	
		百分比	5.42	1.96	8.75	83.87	100.0	
	总计	人数	242	83	300	2419	3044	
		百分比	8.0	2.7	9.9	79.4	100.0	

注：** 为 0.01 水平显著

3. 不同性别的小学生对"同学指出我的缺点"态度的差异检验

经检验，不同性别的小学生对"同学指出我的缺点"的态度存在显著差异（表4-16）。选择"虚心接受"（选项D）的比率，女生（83.80%）高于男生（80.08%）；而选择"跟他争辩，也给他提意见"（选项A）的比率，男生（7.66%）要高于女生（5.38%）；选择"表面接受，心里不服气"（选项B）的比率，男生（6.00%）要高于女生（4.85%）。可见，女生更倾向于尊重同学的意见。

表4-16 不同性别的小学生对"同学指出我的缺点"态度的差异检验

			A	B	C	D	总计	皮尔森卡方检验
同学指出我的缺点	男生	人数	115	90	94	1202	1501	9.211*
		百分比	7.66	6.00	6.26	80.08	100.0	
	女生	人数	81	73	90	1262	1506	
		百分比	5.38	4.85	5.98	83.80	100.0	
	总计	人数	196	163	184	2464	3007	
		百分比	8.0	2.7	9.9	79.4	100.0	

注：* 为 0.05 水平显著

(三) 年级

1. 不同年级的小学生对"别人嘲笑自己,感觉伤自尊"态度的差异检验

对"别人嘲笑自己,感觉伤自尊"一题,经检验,不同年级的小学生的选择存在显著差异(表4-17)。其中,选择不同意(大部分不同意和完全不同意)的比率,四年级小学生(21.8%)高于五年级小学生(17.9%)和六年级小学生(11.4%),而选择同意的情况则正相反。可见,年级越高的小学生越倾向于认为被人嘲笑伤自尊。

表4-17 不同年级的小学生对"别人嘲笑自己,感觉伤自尊"态度的差异检验

			完全不同意	大部分不同意	基本同意	大部分同意	完全同意	总计	皮尔森卡方检验
别人嘲笑自己,感觉伤自尊	四年级	人数	118	107	201	211	396	1033	
		百分比	11.4	10.4	19.5	20.4	38.3	100.0	
	五年级	人数	89	75	165	172	415	916	
		百分比	9.7	8.2	18.0	18.8	45.3	100.0	50.211**
	六年级	人数	61	59	241	239	459	1059	
		百分比	5.8	5.6	22.8	22.6	43.3	100.0	
	总计	人数	268	241	607	622	1270	3008	
		百分比	8.9	8.0	20.2	20.7	42.2	100.0	

注:** 为0.01水平显著

2. 不同年级的小学生对"妈妈特意为我做了一件事,但是不合我意"态度的差异检验

结果显示,年级影响小学生对"妈妈特意为我做了一件事,但是不合我意"的态度(表4-18)。其中,选择"虽不喜欢,但会愉快接受"(选项D)的比率,四年级小学生(69.47%)和五年级小学生(69.17%)接近,高于六年级小学生(64.72%);选择"虽不喜欢,但怕妈妈伤心,勉强接受"(选项C)的比率,六年级小学生(25.31%)高于四年级(23.38%)和五年级(20.92%)。相比较而言,六年级小学生比四年级和五年级小学生

更倾向于考虑母亲的感受,而四年级和五年级小学生的态度比较接近,比六年级小学生更易于愉快接受。

表 4-18 不同年级的小学生对"妈妈特意为我做了一件事,
但是不合我意"态度的差异检验

			A	B	C	D	总计	皮尔森卡方检验
妈妈特意为我做了一件事,但是不合我意	四年级	人数	12	63	245	728	1048	13.678*
		百分比	1.15	6.01	23.38	69.47	100.0	
	五年级	人数	18	73	192	635	918	
		百分比	1.96	7.95	20.92	69.17	100.0	
	六年级	人数	25	81	269	688	1063	
		百分比	2.35	7.62	25.31	64.72	100.0	
	总计	人数	55	217	706	2051	3029	
		百分比	1.8	7.2	23.5	67.5	100.0	

注:* 为 0.05 水平显著

3. 不同年级的小学生对"老师批评我,而我认为是被冤枉的"态度的差异检验

结果显示,年级影响小学生对"老师批评我,而我认为是被冤枉的"的态度(表 4-19)。选择"事后和老师澄清事实,并宽容老师的这次失误"(选项 D)的比率,四年级小学生最高(82.71%),五年级次之(79.03%),六年级最低(76.63%);而选择"当时就和老师争辩"(选项 A)的比率,六年级小学生最高(10.88%),五年级次之(7.68%),四年级最低(5.28%)。可见,随着年级的升高,小学生对教师批评失误的宽容度下降,选择与老师争辩的比率逐渐上升,这也表明随着年级的升高,小学生对权威的尊重程度下降。

表4-19 不同年级小学生对"老师批评我，而我认为是被冤枉的"态度的差异检验

			A	B	C	D	总计	皮尔森卡方检验
老师批评我，而我认为是被冤枉的	四年级	人数	55	21	104	861	1041	
		百分比	5.28	2.02	9.99	82.71	100.0	
	五年级	人数	70	30	91	720	911	26.493**
		百分比	7.68	3.29	9.99	79.03	100.0	
	六年级	人数	115	31	101	810	1057	
		百分比	10.88	2.93	9.56	76.63	100.0	
	总计	人数	240	82	296	2391	3009	
		百分比	8.0	2.7	9.9	79.4	100.0	

注：** 为0.01水平显著

第三节 基本结论、讨论与建议

一、基本结论与讨论

（一）小学生尊重价值观的总体状况

本次调查从自尊和尊人（包括尊重父母、老师和同学）两个层面考察小学生的尊重意识发展状况。总的来看，小学生的尊重价值观状况良好，无论是在自尊还是在尊重他人方面，绝大多数小学生都与社会期望、教育的价值取向相一致。他们既传承了传统的尊重师长的美德，也呈现了尊重的时代气息。

在三方面共九个因素中，社会方面只有城乡因素影响小学生自尊意识；家庭方面的父母受教育程度和家境两个因素对小学生的尊重意识有影响，而家庭类型因素没有影响；在个人方面除了是否担任过班级干部因素外，其他三个因素对小学生的尊重意识均有不同程度的影响（表4-20）。

表 4-20 影响小学生尊重价值观的因素

项目	社会因素		家庭因素			个人因素				总计
	城乡	民族	父母受教育程度	家境	家庭类型	是否独生子女	性别	年级	是否担任过班级干部	
自尊	●		●	●		●		●		5
尊重母亲			●				●	●		3
尊重老师				●		●	●	●		4
尊重同学			●				●			2
总计	1	0	3	2	0	2	3	3	0	14

1. 小学生的自尊状况

在自尊方面，80%以上的小学生都认为自己在被别人嘲笑时自尊受到伤害，另有近20%的小学生并不这样认为。在对影响小学生尊重价值观因素的分析中发现，九个因素中有五个因素影响小学生的自尊意识。相比较而言，城市地区、父母双方受教育程度较高、一般家境、独生子女、年级较高的小学生更倾向于认为被人嘲笑伤自尊。

2. 小学生尊重父母状况

在尊重父母方面，当母亲的心意与个人的意愿不吻合时，90%以上的小学生选择了站在母亲的角度给予理解和接受，同时也有少部分小学生愿意主动与母亲交换意见，表现出小学生的尊重意识具有平等性。但也有极少数的小学生缺乏对母亲的理解，只从自己的角度考虑问题，只顾及自己的感受。相比较而言，父母一方或双方学历在大学及以上的小学生更倾向于尊重母亲的意愿；随着年级的升高，小学生考虑母亲感受的倾向增强；男女生在理解与接受母亲心意方面略有差异，女生的情感成分多一点，而男生的理性成分多一点。

3. 小学生尊重老师状况

在尊重老师方面，面对老师错误地批评了自己的情况，近80%的小学生选择"事后和老师澄清事实，并宽容老师的这次失误"。可见，这种尊重不是将教师作为"权威"来尊重，而是体现出一种平等的"澄清"与"宽容"。另有超过10%的小学生选择了"当场就和老师争辩"或"当时不争辩，心里记恨老师"等，近10%的小学生对老师的批评选择了"无所谓"的态度，可见，20%的小学生不同程度地表现出对教师的尊重意识的缺乏。相比较而言，一般家境的小学生、非独生子女小学生及女生更倾向于尊重教师，而富有家境的小学生、独生子女小学生以及男生更倾向于顾及自己的利益。随着年级的升高，小学生对教师批评失误的宽容度下降，选择与老师争辩的比率逐渐上升，这也表明随着年级的升高，小学生对权威的尊重程度下降。

4. 小学生尊重同伴状况

在对同伴的尊重方面，80%以上的小学生对同学指出自己的缺点的做法能够虚心接受，懂得尊重同学，但也有近20%的小学生不是这样。相对而言，父母双方受教育程度较高的小学生和女生更倾向于尊重同学。

（二）讨论

1. 如何看待小学生对"别人嘲笑自己，感觉伤自尊"的态度

自尊是人的一种需要。马斯洛的研究揭示，社会上所有的人都需要有自己稳定、牢固的地位，希望得到别人的高度评价，需要自尊、自重，或者为他人所尊重[1]。科恩认为，自尊意味着自我满足、自我接受、自我尊严意识、自我肯定以及现有"自我"与理想的"自我"的一致性。自尊是在接受他人和社会的评价过程中形成的。可见，小学生认同"别人嘲笑自己，感觉伤自尊"的说法，并且这种认同度随着年级的升高而上升的现象是正常的，他们的自尊感来自外在他人的评价与态度，是符合人的自尊意识发展规律的。

近20%的小学生并不认同"别人嘲笑自己，感觉伤自尊"的说法，由于缺乏进一步的调查数据，因而难以进行深度分析。不过，从相关影响因素的分析结果看，城市地区、父母受教育程度较高、一般家境、独生子女、年级较高的小学生更倾向于认为被人嘲笑伤自尊。这一现象至少表明两点：一是与同伴相比，这部分小学生的自尊意识发展滞后；二是乡村文化和个人受教育程度制约了他们的自尊意识发展。

2. 如何看待小学生尊重他人的状况

在传统观念中，尊重是单向的，即主要是指下对上、少对老、弱对强的

---

[1] 马斯洛. 人的潜能和价值 [M]. 北京：华夏出版社，1987：167.

尊重。而在现代认识中，人们对尊重的解释强调的是双向互动，即对他人的尊重不是怜悯与同情，而是相互的、平等的，没有高低贵贱之分。从调查结果看，小学生对父母和老师的尊重、对同学的尊重都体现了这一点。其中，对父母和教师的尊重，不同年级的小学生略有差异，表现为随着年级的升高自我意识、平等意识相应增强，这符合小学生道德认知的发展。小学生对同学的尊重，也不同于尊重父母和老师。父母和老师是小学生尊重的对象，在这种尊重中含有下对上、少对老、弱对强的尊重意味，而将同学作为尊重对象则意味着平等的、没有高低贵贱之分的尊重，而且对同伴的尊重，在四至六年级的小学生中没有差异。这一现象符合皮亚杰的研究结论，皮亚杰认为，儿童的道德发展由他律走向自律，尊重也相应地由对权威的单向尊重走向与友伴平等的相互尊重。

3. 如何看待部分农村小学生、贫困家境和富有家境小学生的尊重意识状况

一定意义上讲，城乡文化与家庭文化是一致的，因为父母受教育程度高、家境好的小学生多居住在城市。也就是说，影响小学生自尊意识发展的因素是两项：城乡文化和个人受教育程度。

二、建议

（一）小学教育要着重培养小学生正确的自尊意识

自尊是人的基本需要，但并不是与生俱来的，而是在后天接受他人和社会评价过程中形成的。所以，小学教育应对小学生正确自尊意识的发展提供恰当的评价，尤其应关注对贫困家境和富有家境的小学生、农村小学生的自尊教育，以弥补家庭教育、社会教育的不足或纠正家庭、社会的不当教育所造成的后果。同时，在小学生的自尊教育中，还应注意将尊重生命作为最为首要的、根本性的内容，避免因盲目或不正确的自尊意识而伤害生命的现象，尤其是对低年级小学生。

（二）小学教育应帮助小学生学会关照周遭、关照他人

尊重他人在小学生的道德发展中具有重要意义，学会尊重他人是儿童社

会化的一个重要内容，所以帮助小学生学会尊重他人是小学教育的重要内容之一。无论尊重谁，都是对一种关系的关照。以此而言，小学教育要帮助小学生意识到周围关系的存在，培养他们眼里有别人，心里有他人，学会从他人角度想问题、看事情。这样的能力与习惯培养出来了，小学生的尊重价值观也就形成了。

（三）小学生尊重价值观培养中要注意男女生的差异

男女学生对同一事件的反应倾向不同，导致其尊重意识存在一定差距。小学在开展尊重教育时，应充分考虑男女生的气质和个性不同而导致的行为倾向差异，采取相应的教育措施，以确保教育的有效性。

第五章

小学生的责任价值观

责任,在《现代汉语词典》中解释有两种:一是分内应做的事;二是没有做好分内应做的事,因而应当承担的过失。① 简单地说,责任就是完成应尽的义务、做好分内应做的事,以及做不好分内应做的事而应承担的过失。依据不同的标准,责任有不同的划分方式,如自我责任、他人责任、社会责任等。

责任是一种职责和任务,在社会生活中,每种角色往往都意味着一种责任。责任产生于社会关系中的相互承诺,若没有事先的承诺,就没有责任感。责任也是履行诺言,或是给予他人承诺。② 由此可见,责任与诚信密切相关,人们把诚信看作做人的一种责任。所谓诚信,即诚实、守信。诚实,即忠诚老实,就是忠于事物的本来面貌,不隐瞒自己的真实思想,不掩饰自己的真实感情,不说谎,不作假,不为不可告人的目的而欺瞒别人。守信,就是讲信用,讲信誉,信守承诺,忠实于自己承担的义务,答应了别人的事一定要

---

① 中国社会科学院语言研究所词典编辑室. 现代汉语词典 [M]. 2002 年增补本. 北京: 商务印书馆, 2002: 1574.
② 庞斯. 20 个影响孩子发展的价值观 [M]. 南昌: 江西美术出版社, 2008: 6-7.

去做。诚信是中华民族的传统美德,也是公民道德的一个基本规范,忠诚地履行自己承担的义务是每一个现代公民应有的品质。

第一节 小学生责任价值观的描述性分析

一、调查问卷的结构与编制意图

本次问卷调查重点考察小学生的自我责任方面。对小学生而言,对自己负责的基本表现有三个方面:一是做力所能及的事情;二是对老师、同学承诺的履行;三是对自己行为过错承担责任。本问卷设计了两类型共四道题来考察小学生的自我责任价值观状况,通过小学生的选择来分析他们对做自己分内的事、对老师和同学的承诺、对个人行为后果的态度,进而了解小学生的责任价值观状况。

表 5-1 调查问卷结构

基础德目	德目指向	层 次	二级德目	题号	内 容
责任 (共4题)	自己	分内之事	自理	33	做力所能及的事
	老师	承诺	诚信	2	答应老师不再去网吧,可又去了
	同学			11	答应同学的事是否要完成
	行为后果	过错	担当	12	做了错事,给同学带来损失

二、小学生的责任价值观状况

(一) 小学生对"做力所能及的事"的态度

问卷第 33 题考察学生对自己行为负责的态度。在抽查的 3113 人中,有效样本为 3037 个,缺失 76 个,选择情况如表 5-2 所示。对"做力所能及的事"这一内容,选择"完全不同意"的占 2.4%;选择"大部分不同意"的占 3.3%;选择"基本同意"的占 13.6%;选择"大部分同意"的占

25.3%；选择"完全同意"的占 55.4%。缺失的 76 个样本未填写选项。

表 5-2 小学生对"做力所能及的事"的态度

题 干	选 项	人 数	有效百分比
做力所能及的事	完全不同意	73	2.4
	大部分不同意	99	3.3
	基本同意	414	13.6
	大部分同意	769	25.3
	完全同意	1682	55.4
	总计	3037	100.0

（二）小学生对"答应老师不再去网吧，可又去了"的态度

问卷第 2 题考察小学生对承诺老师的事情是否遵守的态度。在抽查的 3113 人中，有效样本为 2958 个，缺失 155 个，选择情况如表 5-3 所示。选择 A 选项"没办法，网络的诱惑太大了"的小学生占总体的 7.0%；选择 B 选项"自己喜欢就去做呗，不用在意老师的批评"的小学生占总体的 1.9%；选择 C 选项"小强有点不对，要去也得过一段时间再去"的小学生占总体的 4.4%；选择 D 选项"小强不对，已经答应老师了"的小学生占总体的 86.7%。缺失的 155 个样本分为两种情况：未进行选择或者选择"其他"。在对 E 选项"其他"的统计中发现，有的小学生未填写文字，有的小学生写了"让父母接送他上学"、"让家人给他买一台电脑"、"严重处分"等。

表 5-3 小学生对"答应老师不再去网吧，可又去了"的态度

题 干	选 项	人 数	有效百分比
答应老师不再去网吧，可又去了	A	211	7.0
	B	57	1.9
	C	130	4.4
	D	2560	86.7
	总计	2958	100.0

（三）小学生对"答应同学的事情是否要完成"的态度

问卷第11题考察小学生对自己承诺同学的事情是否遵守的态度。在抽查的3113名小学生中，有效样本为3002个，缺失111个，选择情况如表5-4所示。面对"答应同学的事情是否要完成"的问题，选择A选项"不再管它，无所谓"的占总体的1.5%；选择B选项"应付一下"的占总体的4.6%；选择C选项"告诉他没有办法完成"的占总体的27.4%；选择D选项"想尽办法做下去"的占总体的66.5%，在缺失的34个样本中，有的没有作答，有的填写了"无所谓"。

表5-4 小学生对"答应同学的事是否要完成"的态度

题　干	选　项	人　数	有效百分比
答应同学的事是否要完成	A	44	1.5
	B	138	4.6
	C	812	27.4
	D	1997	66.5
	总计	3002	100.0

（四）小学生对"做了错事，给同学带来损失"的态度

问卷第12题考察小学生对自己行为后果的态度。在抽查的3113人中，有效样本为3070个，缺失43个，选择情况如表5-5所示。其中，选择A选项"主动承认错误并想办法补偿同学的损失"的小学生占总体的90.0%；选择B选项"不情愿地承认错误和补偿损失"的小学生占总体的3.8%；选择C选项"我也不是故意的，没有必要补偿损失"的小学生占总体的3.8%；选择D选项"觉得无所谓，大家都会犯错的"的小学生占总体的3.4%。缺失的43个样本有两种情况——没有进行选择或者选择选项E"其他"，在对"其他"选项的调查中发现，大部分小学生未填写文字，另外一部分小学生写的是"想去，但是不敢"。

表5-5 小学生对"做了错事,给同学带来损失"的态度

题干	选项	人数	有效百分比
做了错事,给同学带来损失	A	2754	90.0
	B	107	3.8
	C	107	3.8
	D	102	3.4
	总计	3070	100.0

第二节 小学生责任价值观的影响因素分析

一、社会因素

统计分析结果发现,在社会因素中,只有城乡因素影响小学生的责任意识,民族因素没有影响。

(一) 城乡小学生对"做力所能及的事"态度的差异检验

结果显示,城乡因素影响小学生对"做力所能及的事"的态度(表5-6)。其中,农村地区小学生选择"完全不同意"和"大部分不同意"的比率高于城市地区小学生(农村分别为3.51%和3.84%,城市分别为2.58%和0.00%);而城市地区小学生选择"完全同意"的比率(64.81%)高出农村地区小学生(53.72%)约11个百分点。

表5-6 城乡小学生对"做力所能及的事"态度的差异检验

			完全不同意	大部分不同意	基本同意	大部分同意	完全同意	总计	皮尔森卡方检验
做力所能及的事	农村	人数	42	46	172	294	643	1197	23.368**
		百分比	3.51	3.84	14.37	24.56	53.72	100	
	城市	人数	6	0	15	61	151	233	
		百分比	2.58	0.00	6.44	26.18	64.81	100	
	总计	人数	48	46	187	355	794	1430	
		百分比	2.4	3.3	13.6	25.3	55.4	100	

注:** 为0.01水平显著

（二）城乡小学生对"答应老师不再去网吧，可又去了"态度的差异检验

结果显示，城乡因素影响小学生对"答应老师不再去网吧，可又去了"的态度（表5-7）。存在较大比率差异的选项是B，农村地区小学生选择B"自己喜欢就去做呗，不用在意老师的批评"的比率（2.48%）高于城市地区小学生（0.98%）。

表5-7 城乡小学生对"答应老师不再去网吧，可又去了"态度的差异检验

			A	B	C	D	总计	皮尔森卡方检验
答应老师不再去网吧，可又去了	农村地区	人数	134	48	87	1667	1936	8.952*
		百分比	6.92	2.48	4.49	86.11	100	
	城市地区	人数	80	11	47	980	1118	
		百分比	7.16	0.98	4.20	87.66	100	
	总计	人数	214	59	134	2647	3054	
		百分比	7.0	1.9	4.4	86.7	100	

注：*为0.05水平显著

二、家庭因素

（一）父母受教育程度

结果显示，父母受教育程度因素仅影响小学生对"做力所能及的事"的态度（表5-8）。其中，选择"基本同意"的比率，父母一方学历在大学以上的小学生（19.34%）高于父母双方学历在大学以下的小学生（16.74%）以及父母双方学历在大学以上的小学生（10.24%），而选择"完全同意"的比率，则随着小学生父母受教育程度的升高而升高。可见，父母受教育程度较高的小学生更倾向于认同自己应该做好自己可以做到的事情。

表5-8 父母受教育程度不同的小学生对"做力所能及的事"态度的差异检验

			完全不同意	大部分不同意	基本同意	大部分同意	完全同意	总计	皮尔森卡方检验
做力所能及的事	父母双方学历在大学以下	人数	10	29	121	219	344	723	
		百分比	1.38	4.01	16.74	30.29	47.58	100	
	父母一方学历在大学及以上	人数	2	3	35	51	90	181	
		百分比	1.10	1.66	19.34	28.18	49.72	100	23.436**
	父母双方学历在大学及以上	人数	6	7	39	101	228	381	
		百分比	1.84	1.57	10.24	26.51	59.84	100	
总计		人数	18	39	195	371	662	1285	
		百分比	2.4	3.3	13.6	25.3	55.4	100	

注：** 为0.01水平显著

（二）家境

1. 不同家境的小学生对"答应老师不再去网吧，可又去了"态度的差异检验

结果显示，家境影响小学生对"答应老师不再去网吧，可又去了"的态度，存在较大比率差异的选项是C和D（表5-9）。家境一般的小学生选择"小强不对，已经答应老师了"（选项D）的比率（87.80%）高于家境贫困和家境富有的小学生（分别为82.52%和81.82%）；家境富有的小学生选择"小强有点不对，要去也得过一段时间再去"（选择C）的比率（9.09%）高于其他家境贫困和家境一般的小学生（分别为6.10%和3.67%）。可见，相比较而言，家境一般的小学生更倾向于选择对承诺的遵守。

表5-9 不同家境的小学生对"答应老师不再去网吧，可又去了"态度的差异检验

			A	B	C	D	总计	皮尔森卡方检验
答应老师不再去网吧，可又去了	贫困	人数	19	9	15	203	246	
		百分比	7.72	3.66	6.10	82.52	100	19.909**
	一般	人数	170	39	90	2152	2451	
		百分比	6.94	1.59	3.67	87.80	100	

续表

			A	B	C	D	总计	皮尔森卡方检验
答应老师不再去网吧，可又去了	富有	人数	5	4	9	81	99	19.909**
		百分比	5.05	4.04	9.09	81.82	100	
	总计	人数	194	52	114	2436	2796	
		百分比	7.0	1.9	4.4	86.7	100	

注：** 为 0.01 水平显著

2. 不同家境的小学生对"答应同学的事是否要完成"态度的差异检验

结果显示，家境影响小学生对"答应同学的事是否要完成"的态度，存在较大比率差异的选项是 B 和 D（表 5-10）。家境富有的小学生选择"应付一下"（选项 B）和"想尽办法做下去"（选项 D）两项的比率（分别为 9.00% 和 64.00%），均高于家境贫困（分别为 4.86% 和 63.97%）和家境一般（分别为 4.18% 和 56.59%）的小学生。总体来说，超过半数的小学生都能认识到答应同学的事，无论遇到什么问题都应该想办法完成，其中家境富有和家境贫困的小学生的认同比率高出家境一般的小学生 8 个百分点左右；而选择"应付一下"（选项 B）的小学生比率，家境富有的小学生则高出其他两者一倍左右。

表 5-10 不同家境的小学生对"我答应同学的事是否要完成"态度的差异检验

			A	B	C	D	总计	皮尔森卡方检验
答应同学的事是否要完成	贫困	人数	9	12	68	158	247	16.988**
		百分比	3.64	4.86	27.53	63.97	100	
	一般	人数	27	103	694	1642	2466	
		百分比	1.09	4.18	28.14	56.59	100	
	富有	人数	2	9	25	64	100	
		百分比	2.00	9.00	25.00	64.00	100	
	总计	人数	38	124	787	1864	2813	
		百分比	1.4	4.5	27.8	66.2	100	

注：** 为 0.01 水平显著

3. 不同家境小学生对"做了错事，给同学带来损失"态度的差异检验

结果显示，家境影响小学生对"做了错事，给同学带来损失"的态度（表5-11）。选择"主动承认错误并想办法补偿同学的损失"（选项A）的比率，家境一般的小学生（90.28%）高于家境富有（87.00%）和家境贫困（84.27%）的小学生；选择"不情愿地承认错误和补偿损失"（选项B）的比率，家境贫困的小学生（5.65%）高于家境一般（3.35%）和家境富有（1.00%）的小学生。而选择"我也不是故意的，没有必要补偿损失"（选项C）和"觉得无所谓，大家都会犯错的"（选项D）的比率，家境富有的小学生最高（均为6.00%），其次是家境贫困的小学生（分别为6.85%和3.23%），最低是家境一般的小学生（分别为3.11%和3.27%）。

表5-11 不同家境的小学生对"做了错事，给同学带来损失"态度的差异检验

			A	B	C	D	总计	费舍精确检验
做了错事，给同学带来损失	贫困	人数	209	14	17	8	248	
		百分比	84.27	5.65	6.85	3.23	100	
	一般	人数	2238	83	77	81	2479	
		百分比	90.28	3.35	3.11	3.27	100	19.122**
	富有	人数	87	1	6	6	100	
		百分比	87.00	1.00	6.00	6.00	100	
	总计	人数	2534	98	100	95	2827	
		百分比	89.7	3.5	3.5	3.4	100	

注：** 为0.01水平显著

（三）家庭类型

1. 不同家庭类型（一）的小学生对"做力所能及的事"态度的差异检验

结果显示，家庭类型（一）因素影响小学生对"做力所能及的事"的态度（表5-12）。其中，选择"完全不同意"和"大部分不同意"的比率，单亲家庭的小学生高于不与父母同住的小学生和双亲家庭的小学生。

表 5-12 不同家庭类型（一）的小学生对"做力所能及的事"态度的差异检验

			完全不同意	大部分不同意	基本同意	大部分同意	完全同意	总计	皮尔森卡方检验
做力所能及的事	双亲家庭	人数	45	65	273	570	1247	2200	24.717**
		百分比	2.05	2.95	12.41	25.91	56.68	100	
	单亲家庭	人数	14	15	58	82	193	362	
		百分比	3.87	4.14	16.02	22.65	53.31	100	
	不与父母同住	人数	11	15	74	88	192	380	
		百分比	2.89	3.95	19.47	23.16	50.53	100	
	总计	人数	70	95	405	740	1632	2942	
		百分比	2.4	3.3	13.6	25.3	55.4	100	

注：** 为 0.01 水平显著

2. 不同家庭类型（一）的小学生对"答应同学的事是否要完成"态度的差异检验

结果显示，家庭类型（一）影响小学生对"答应同学的事是否要完成"的态度（表 5-13）。存在较大比率差异的选项是 B、C 和 D。选择"应付一下"（选项 B）的比率，单亲家庭的小学生高于其他类型家庭的小学生；选择"告诉他没有办法完成"（选项 C）的比率，双亲家庭的小学生（29.21%）高于单亲家庭（25.68%）和不与父母同住（21.67%）的小学生；选择"想尽办法做下去"（选项 D）的比率，不与父母同住的小学生高于其他家庭类型的小学生，而后两者接近。

表 5-13 不同家庭类型（一）的小学生对"答应同学的事是否要完成"态度的差异检验

			A	B	C	D	总计	皮尔森卡方检验
答应同学的事是否要完成	双亲	人数	28	98	651	1452	2229	13.360*
		百分比	1.26	4.40	29.21	65.14	100	
	单亲	人数	7	23	95	245	370	
		百分比	1.89	6.22	25.68	66.22	100	

续表

			A	B	C	D	总计	皮尔森卡方检验
答应同学的事是否要完成	不与父母同住	人数	5	17	83	278	383	13.360*
		百分比	1.31	4.44	21.67	72.58	100	
	总计	人数	40	138	829	1975	2982	
		百分比	1.4	4.5	27.8	66.2	100	

注：*为0.05水平显著

3. 不同家庭类型（二）的小学生对"答应老师不再去网吧，可又去了"态度的差异检验

结果显示，家庭类型（二）因素影响小学生对"答应老师不再去网吧，可又去了"的态度（表5-14）。存在较大比率差异的选项是C和D，选择"小强有点儿不对，要去也得过一段时间再去"（选项C）的比率，不与老人同住的小学生（29.54%）高于与老人同住的小学生（24.80%），而选择"小强不对，已经答应老师了"（选项D）的情况则相反。可见，相对而言，与老人同住的小学生比不与老人同住的小学生更倾向于选择守信。

表5-14 不同家庭类型（二）的小学生对"答应老师不再去网吧，可又去了"态度的差异检验

			A	B	C	D	总计	皮尔森卡方检验
答应老师不再去网吧，可又去了	与老人同住	人数	17	44	277	779	1117	11.187*
		百分比	1.52	3.94	24.80	69.74	100	
	不与老人同住	人数	23	94	551	1197	1865	
		百分比	1.23	5.04	29.54	64.18	100	
	总计	人数	40	138	828	1976	2982	
		百分比	1.4	4.5	27.8	66.2	100	

注：*为0.05水平显著

三、个人因素

(一) 独生子女

结果显示,独生子女因素仅影响小学生对"做力所能及的事"的态度(表5-15)。选择"基本同意"的比率,非独生子女小学生(16.39%)高于独生子女小学生(10.95%);选择"完全同意"的比率,独生子女小学生(57.87%)则高于非独生子女小学生(53.76%)。可见,是否为独生子女因素并不实质性地影响小学生对"做力所能及的事"的态度,而会影响他们选择态度的肯定程度,相比较而言,独生子女小学生更倾向于认同自己的事情自己做。

表5-15 独生子女与非独生子女小学生对"做力所能及的事"态度的差异检验

			完全不同意	大部分不同意	基本同意	大部分同意	完全同意	总计	皮尔森卡方检验
做力所能及的事	独生子女	人数	32	48	169	401	893	1543	19.799**
		百分比	2.07	3.11	10.95	25.99	57.87	100	
	非独生子女	人数	34	44	218	319	715	1330	
		百分比	2.56	3.31	16.39	23.98	53.76	100	
	总计	人数	66	92	387	720	1608	2873	
		百分比	2.4	3.3	13.6	25.3	55.4	100	

注:** 为0.01水平显著

(二) 性别

1. 不同性别的小学生对"答应老师不再去网吧,可又去了"态度的差异检验

结果显示,性别因素影响小学生对"答应老师不再去网吧,可又去了"的态度(表5-16)。男生和女生存在较大比率差异的选项是A和D,选择"没办法,网络的诱惑太大了"(选项A)的比率,男生(8.74%)高于女生(5.34%),而选择"小强不对,已经答应老师了"(选项D)的比率,则是

女生（89.58%）高于男生（83.84%）。

表5-16　不同性别的小学生对"答应老师不再去网吧，可又去了"态度的差异检验

			A	B	C	D	总计	皮尔森卡方检验
答应老师不再去网吧，可又去了	男生	人数	132	36	76	1266	1510	22.639**
		百分比	8.74	2.38	5.03	83.84	100	
	女生	人数	82	21	57	1375	1535	
		百分比	5.34	1.37	3.71	89.58	100	
	总计	人数	214	57	133	2641	3045	
		百分比	7.0	1.9	4.4	86.7	100	

注：** 为0.01水平显著

2. 不同性别的小学生对"答应同学的事是否要完成"态度的差异检验

结果显示，不同性别的小学生对"答应同学的事是否要完成"的态度（表5-17）存在显著差异。其中比率差异较大的选项是B和D，选择"应付一下"（选项B）的比率，男生（6.09%）高于女生（2.98%），选择"想尽办法做下去"（选项D）的比率，女生（67.90%）高于男生（64.68%）。

表5-17　不同性别的小学生对"答应同学的事是否要完成"态度的差异检验

			A	B	C	D	总计	皮尔森卡方检验
答应同学的事是否要完成	男生	人数	31	93	415	987	1526	26.543**
		百分比	2.03	6.09	27.20	64.68	100	
	女生	人数	12	46	437	1047	1542	
		百分比	0.78	2.98	28.34	67.90	100	
	总计	人数	43	139	852	2034	3068	
		百分比	1.4	4.5	27.8	66.2	100	

注：** 为0.01水平显著

3. 不同性别的小学生对"做了错事,给同学带来损失"态度的差异检验

结果显示,性别因素影响小学生对"做了错事,给同学带来损失"的态度(表5-18)。男生和女生存在较大比率差异的选项是 A "主动承认错误并想办法补偿同学的损失",选择此项的女生比率(92.70%)高于男生(86.81%)。

表5-18 不同性别的小学生对"做了错事,给同学带来损失"态度的差异检验

			A	B	C	D	总计	皮尔森卡方检验
做了错事,给同学带来损失	男生	人数	1329	66	68	68	1531	
		百分比	86.81	4.31	4.44	4.44	100	
	女生	人数	1435	41	37	35	1548	29.538**
		百分比	92.70	2.65	2.39	2.26	100	
	总计	人数	2764	107	105	103	3079	
		百分比	89.7	3.5	3.5	3.4	100	

注:** 为0.01水平显著

(三)年级

1. 不同年级的小学生对"答应老师不再去网吧,可又去了"态度的差异检验

结果显示,年级因素影响小学生对"答应老师不再去网吧,可又去了"的态度(表5-19)。选择 A "没办法,网络的诱惑太大了"的比率,四年级小学生(5.84%)低于五年级和六年级小学生(分别为7.23%和7.69%),后两者比率接近;选择 B "自己喜欢就去做呗,不用在意老师的批评"的比率,四年级小学生(2.97%)高于五年级和六年级小学生(分别为1.97%和0.85%),而选择 D "小强不对,已经答应老师了"的比率,三个年级都很接近。

表5-19 不同年级的小学生对"答应老师不再去网吧，可又去了"态度的差异检验

			A	B	C	D	总计	皮尔森卡方检验
答应老师不再去网吧，可又去了	四年级	人数	61	31	53	899	1044	17.075*
		百分比	5.84	2.97	5.08	86.11	1005	
	五年级	人数	66	18	35	794	913	
		百分比	7.23	1.97	3.83	86.97	100	
	六年级	人数	81	9	43	921	1054	
		百分比	7.69	0.85	4.08	87.38	100	
	总计	人数	208	58	131	2614	3011	
		百分比	7.0	1.9	4.4	86.7	100	

注：* 为 0.05 水平显著

2. 不同年级的小学生对"答应同学的事是否要完成"态度的差异检验

结果显示，不同年级的小学生对"答应同学的事是否要完成"的态度存在显著差异（表5-20）。选择A"不再管它，无所谓"和选择B"应付一下"的小学生比率，五年级小学生（分别为2.07%和6.09%）均高于四年级（分别为1.43%和4.00%）和六年级（分别为0.85%和3.48%）小学生。可见，相比于四年级和六年级小学生，五年级小学生更倾向于选择消极的做法。

表5-20 不同年级的小学生对"答应同学的事是否要完成"态度的差异检验

			A	B	C	D	总计	皮尔森卡方检验
答应同学的事是否要完成	四年级	人数	15	42	294	700	1051	15.143*
		百分比	1.43	4.00	27.97	66.60	100	
	五年级	人数	19	56	239	606	920	
		百分比	2.07	6.09	25.98	65.87	100	
	六年级	人数	9	37	308	710	1064	
		百分比	0.85	3.48	28.95	66.73	100	
	总计	人数	43	135	841	2016	3035	
		百分比	1.4	4.5	27.8	66.2	100	

注：* 为 0.05 水平显著

3. 不同年级的小学生对"做了错事,给同学带来损失"态度的差异检验

结果显示,年级因素影响小学生对"做了错事,给同学带来损失"的态度,存在较大比率差异的选项是 A "主动承认错误并想办法补偿同学的损失"(表5-21)。选择该选项的比率,五年级小学生(87.28%)低于四年级和六年级小学生(分别为90.00%和91.76%),四年级小学生又低于六年级小学生。

表5-21　不同年级的小学生对"做了错事,给同学带来损失"态度的差异检验

			A	B	C	D	总计	皮尔森卡方检验
做了错事,给同学带来损失	四年级	人数	945	47	29	29	1050	19.319**
		百分比	90.00	4.48	2.76	2.76	100	
	五年级	人数	810	33	42	43	928	
		百分比	87.28	3.56	4.53	4.63	100	
	六年级	人数	980	26	32	30	1068	
		百分比	91.76	2.43	3.00	2.81	100	
总计		人数	2735	106	103	102	3046	
		百分比	89.7	3.5	3.5	3.4	100	

注:** 为0.01水平显著

(四) 班级干部

1. 担任过和没有担任过班级干部的小学生对"答应老师不再去网吧,可又去了"态度的差异检验

结果显示,是否担任过班级干部影响小学生对"答应老师不再去网吧,可又去了"的态度,存在较大比率差异的选项是 A 和 D(表5-22)。选择 A "没办法,网络的诱惑太大了"的比率,担任过班级干部的小学生比率(8.32%)高于没有担任过班级干部的小学生(5.43%);选择 D "小强不对,已经答应老师了"的比率,后者(88.69%)高于前者(84.88%)。

表5-22 担任过和没有担任过班级干部的小学生对"答应老师不再去网吧，可又去了"态度的差异检验

			A	B	C	D	总计	皮尔森卡方检验
答应老师不再去网吧，可又去了	担任过班级干部	人数	104	26	59	1061	1250	10.756*
		百分比	8.32	2.08	4.72	84.88	100	
	没有担任过班级干部	人数	84	26	65	1372	1547	
		百分比	5.43	1.68	4.20	88.69	100	
	总计	人数	188	52	124	2433	2797	
		百分比	7.0	1.9	4.4	86.7	100	

注：*为0.05水平显著

2. 担任过和没有担任过班级干部的小学生对"做了错事，给同学带来损失"态度的差异检验

结果显示，是否担任过职务影响小学生对"做了错事，给同学带来损失"的态度，存在较大比率差异的选项是A和B（表5-23）。选择A"主动承认错误并想办法补偿同学的损失"的比率，担任过班级干部的小学生（88.12%）低于没有担任过班干部的小学生（90.93%）；选择B"不情愿地承认错误和补偿损失"的比率，担任过班级干部的小学生（4.51%）高于没有担任过班级干部的小学生（2.68%）。

表5-23 担任过和没有担任过班级干部的小学生对"做了错事，给同学带来损失"态度的差异检验

			A	B	C	D	总计	皮尔森卡方检验
做了错事，给同学带来损失	担任过班级干部	人数	1113	57	49	44	1263	8.558*
		百分比	88.12	4.51	3.88	3.48	100	
	没有担任过班级干部	人数	1424	42	49	51	1566	
		百分比	90.93	2.68	3.13	3.26	100	
	总计	人数	2537	99	98	95	2829	
		百分比	89.7	3.5	3.5	3.4	100	

注：*为0.05水平显著

第三节 基本结论、讨论与建议

一、基本结论与讨论

(一) 小学生责任价值观发展的总体状况

本次调查从是否认同自己应做力所能及的事情、对老师和同学的承诺是否履行、对自己的行为过错是否承担责任等三个方面，考察小学生的责任价值观状况。总的来说，无论是对自己分内应做的事，还是对因承诺而应履行的事、因过错而应承担的责任，绝大多数小学生的选择表现出他们具有良好的对义务的履行、对责任的承担意识。也就是说，小学生的自我责任意识比较强。但在上述三个方面存在一定差异，其中，小学生在"做自己力所能及的事"和"为错误行为认错与补偿损失"这两方面的状况好于对老师和同学的承诺的履行；相比于其他责任方面，对同学守信这一项是最弱的。当然，这与问卷本身设置了履行承诺的障碍有关，不过这也恰恰考察了小学生是否具有为履行承诺而克服困难的品质。

从小学生自我责任意识的三个层面存在的差异看，小学生在对做自己分内应做的事和因过错而应承担责任这两方面的责任意识发展很好，然而，对于因承诺而应履行的事，尤其是遇到一定困难时是否能坚持履行承诺，小学生的责任意识发展状况并不理想，主要是缺乏克服困难的意识和意志。

从影响因素看，社会因素中只有城乡因素影响小学生自我责任的两个方面，而民族因素没有显著影响；家庭因素中的父母受教育程度、家境、家庭类型因素对小学生的自我责任意识的不同方面有不同程度的影响，其中，家境因素影响最大，涉及履行承诺与承担过错两个层面；个人因素中的四个方面均对小学生的责任意识有不同程度的影响（表5-24）。

表 5-24　影响小学生责任价值观的因素

项目	社会因素		家庭因素				个人因素				总计
	城乡	民族	父母受教育程度	家境	家庭类型（一）	家庭类型（二）	是否独生子女	性别	年级	是否担任过班级干部	
自己	●		●		●		●				4
同学				●	●			●	●		4
老师	●		●		●	●			●	●	6
行为				●				●	●	●	4
总计	2	0	1	3	2	1	1	3	3	2	18

（二）小学生责任价值观发展的具体状况及讨论

1. 小学生对做自己分内事的责任意识

对于自己应做力所能及的事情，超过 90% 的小学生不同程度地持肯定态度。但仅有半数的小学生选择"完全同意"，表明这部分小学生具有良好的做好自己分内之事的责任感；另有 1/4 的小学生选择"大部分同意"，表现出他们对这一观点是有保留地同意，他们的自我责任意识也不错；还有 13.6% 的小学生选择"基本同意"，表明这部分小学生的自我责任意识相对比较弱；而 5.7% 的小学生则相对缺乏这种意识。进一步分析可见，相比较而言，城市地区、父母受教育程度较高、双亲家庭、独生子女的小学生选择认同自己应做力所能及事情的比例大一些。

这个调查结果可以说是令人欣慰的，尤其是作为独生子女的小学生，并未因独生子女的缘故而忽视或否定"自己的事情自己做"的自我责任，而且这种意识还很强。这表明社会、家庭、学校对他们在这方面的教育是成功的、有效的。但也不能忽视的是，对这一观点持完全肯定态度的小学生比例并不高，尤其是农村地区、父母受教育程度不高、单亲家庭的小学生这种意识相对更弱。

2. 小学生履行对老师承诺的责任意识

80% 以上的小学生选择对老师的承诺尽力做到，另有 10% 以上小学生的选择显示出他们缺乏自控能力。其中一些人虽能意识到再去网吧不对，但还是忍不住会去；还有的小学生根本没有意识到这种行为不对，只从"自己喜欢就去做"、"网络的诱惑太大了"等方面考虑，不顾及对老师的承诺。进一步分析发现，相比较而言，家境一般、与老人同住的小学生以及女生选择遵守对老师的承诺的比率高一些；家境富有的小学生选择"要去也得过一段时间再去"的比率高，家境贫困的小学生选择"没办法，网络的诱惑太大了"的比率高；五年级和六年级学生选择难以抵挡网络诱惑的比例高于四年级小学生，四年级小学生则更多地考虑自己的喜好，而非网络或教师的要求。

3. 小学生在答应同学的事情遇到困难时的责任意识

当自己答应同学要帮他做的事情遇到困难时，2/3 的小学生选择了"想尽办法做下去"（选项 D），但还有 1/3 的小学生不同程度地选择了不履行承诺。虽然有些小学生意识到既然自己已经答应同学就该完成，但选择因困难而仅仅以"告诉对方没有办法完成"作为处理方式的小学生就接近 1/3，表现出他们缺乏克服困难的决心和意志力。还有 6% 的小学生根本没有意识到自己应当负有责任，选择了"无所谓"或"应付一下"。

进一步分析发现，家庭类型因素对小学生履行承诺态度的影响比较多样。相比较而言，选择"想尽办法做下去"的比率，家境富有和家境贫困的小学生高出家境一般的小学生，而选择"应付一下"的比率，家境富有的小学生则高出其他两者一倍左右。双亲家庭的小学生更倾向于选择直接告诉对方不能履约，不与父母同住的小学生更倾向于选择想办法完成，而单亲家庭的小学生选择"应付一下"的比率高一些。

4. 小学生对做错事并补偿损失的责任意识

近 90% 的小学生对自己的错误给他人造成的不良后果会主动承认错误并补偿损失，表现出较强的责任意识；超过 10% 的小学生缺乏对自己行为后果负责的意识。有些人虽能意识到自己的行为对他人有损害，但认错与赔偿的愿望被动、不情愿；还有的小学生根本没有意识到自己行为对他人的损害，仅从"主观无恶意"、"人人都会犯错"等角度去看待问题。进一步分析发现，家境一般的小学生更倾向于主动承认错误并补偿损失，而家境贫困、四年级的小学生及男生更倾向于被动地、不情愿地承认错误与补偿损失。可见，随着年级的升高，小学生主动承担责任的比例也增多。

相对而言，家境一般的小学生更倾向于选择主动承认错误并补偿损失，而家境贫困的小学生更倾向于选择不情愿地承认错误与补偿损失或不必补偿。

二、建议

（一）学校应重视责任教育

培养人的责任感，是40年来国际教育组织一直关注的一个主题。联合国教科文组织在1972年的报告《学会生存》中，即将培养能承担各种不同责任的人作为教育追求的目标之一，又将1989年"面向21世纪的教育"国际教育研讨会的主题确定为"学会关心"，倡导一种道德责任与道德关怀。1998年10月在法国巴黎召开的世界高等教育大会的报告中，提出了高等教育的目的首先就是要培养高素质的毕业生与能够负责任的公民。

我国《国家中长期教育改革和发展规划纲要（2010—2020年）》中提出着力提高学生服务国家服务人民的社会责任感、勇于探索的创新精神和善于解决问题的实践能力，将此作为坚持以人为本、全面实施素质教育改革的三项重点工作，而责任感的培养与提高位于首位。可见，责任教育极为重要，学校教育必须重视，并要积极开展。目前，一些中小学已在不同程度地开展责任教育，但还很不够，无论是理论研究还是实践探索都需要进一步大力推动。

美国当代著名哲学家尤纳斯（H. Jonas）指出："责任问题就是当代伦理学的核心问题。"① 对此，康德早有论述。在康德看来，责任是伦理学的基本概念，伦理学的基本问题就在于说明责任。责任是一切道德价值的源泉。人的任何行为只有以责任为动机，出于责任，才有道德价值。

（二）加大小学生自我责任教育的力度

自我责任非常重要，对人的一生发展具有重要价值。柏格森认为："责

---

① 转引自：甘绍平. 伦理的智慧 [M]. 北京：中国发展出版社，2000：69.

任，我们如果把它视为是人们之间的约束，那么首先责任就是我们对自己的约束。"① "深刻的自我责任意识构成了人的生存的意义，是一切的根源。"② 因此，学校应加大对小学生的自我责任教育。根据本次问卷调查结果分析，小学生自我责任教育应围绕学会负责、有能力承担责任开展，主要有以下几方面。

一是从对自己负责学起，注重小学生做力所能及事情的教育。自己的事情自己做，是一种现代的、文明的生存观，是自我负责的最基本内涵，尤其需要在广大农村地区、父母受教育程度不高的小学生中加大教育力度。二是培养小学生的是非分辨力、道德意志力，帮助小学生提高道德认知、道德意志力。三是开启、培育小学生的内在德性，以克制个人喜恶，履行责任。这一点是非常重要的，尤其是当一个人做分内应做的事或者履行承诺遇到诱惑或困难时，需要有内在的力量帮助他战胜诱惑或困难，而德性的力量正在于排除来自爱好和欲望的障碍，以便担负起自己的责任。责任是一种行为的必然性，根源于尊贵的人格，是出于对道德法则的敬重而产生的，是善良意志的体现。③ 所以，促进小学生德性的发展是道德价值观的目的所在。

（三）小学生的责任教育应充分考虑他们的背景

从调查结果分析中可见，不同背景的小学生有着不同的自我责任意识状况，学校开展责任教育必须考虑这些因素，并能有针对性地设计、组织、实施。如不同年级的小学生，在自我责任意识发展的不同方面不尽相同，对低年级小学生可着重开展道德情感教育，在道德情感的教育中提高他们的道德认知水平与道德行动能力；对高年级小学生应着重开展道德意志教育，尤其是面对外界诱惑、面对困难时，帮助高年级小学生提高他们的道德意志力。

---

① 转引自：周辅成．西方著名伦理学家评传［M］．上海：上海人民出版社，1987：706．
② 转引自：甘绍平．应用伦理学前沿问题研究［M］．南昌：江西人民出版社，2002：123．
③ 逯改．浅析康德的责任思想［J］．学术交流，2007（9）．

第六章

小学生的公正价值观

在汉语中,公正有公平正直、正义、公平、不偏私之义。《辞源》对于公正的解释是:"不偏私,正直。"在伦理学中,公正作为道德范畴,与正义和公道是同义词。从一般意义上说,公正是指公正而正直,如"公正无私"。公正标示人的一种美德,有时也指办事和处理问题没有偏向。正义则常指一种符合一定道德标准的关系。亚里士多德认为,公正是一种完全的德性,不公正是违法而不均,公正则是守法和均等。

公正带有明显的"价值取向",它所侧重的是社会的"基本价值取向",并且强调这种价值取向的正当性。公正是对政治、经济、法律、道德等领域中制度和行为之合理性的一种道德认识和肯定评价。作为伦理学范畴,公正既指符合一定道德规范的行为,又指处理人际关系和利益分配的一种原则,即一视同仁和得所当得,具有时代性。

第一节　小学生公正价值观的描述性分析

一、调查问卷的结构与编制意图

本问卷考察的是小学生面对个人利益与他人利益、好友利益与他人利益冲突时的公正价值观状况，以及对人权平等的一般性公正意识的状况。问卷结构包括两个层次三个方面，共设计了三道包含五等级选项的题目来调查小学生的公正意识（表6-1），通过小学生的选择来调查分析他们对待利益冲突的态度和权利平等的意识，进而分析小学生的公正价值观状况。①

表6-1　调查问卷结构——公正价值观

基础德目	德目指向	层次	题号	内　　容
公正（共3题）	自己与他人	冲突	38	为了自己的利益损害同学的利益
	好友与他人		27	好朋友与其他同学发生冲突，要公平处理
	人人权利平等	常态	36	所有同学都应该拥有相等的权利

二、小学生的公正价值观状况描述

（一）小学生对"为了自己的利益损害同学的利益"的态度

在作答的3113人中，有效样本为3026个，缺失87个（表6-2）。对于"为了自己的利益损害同学的利益"的观点，被调查的小学生中，54.06%的人选择"完全不同意"，18.54%的人选择"大部分不同意"。可见，72.60%的小学生不同程度地反对"为了自己的利益损害同学的利益"，但也有27.33%的小学生认可此种行为。缺失的87个样本分两种情况：没有进行选择和多选。

---

① 由于公正维度下的各题目选项按计数数据处理，所以个体不进行合并。使用列连表，对不同类型的小学生在公正维度各题目上的选择比率进行统计，从而推断不同类型的小学生是否有选择倾向上的不同。

表6-2 小学生对"为了自己的利益损害同学的利益"的态度

题 干	选 项	人 数	有效百分比
为了自己的利益损害同学的利益	完全不同意	1636	54.06
	大部分不同意	561	18.54
	基本同意	336	11.04
	大部分同意	250	8.26
	完全同意	243	8.03
	总计	3026	100

(二) 小学生对"好朋友与其他同学发生冲突,要公平处理"的态度

在作答的3113人中,有效样本为3046个,缺失67个(表6-3)。对于"我的好朋友与其他同学发生冲突,需要我帮助,但我要问清事实,公平处理"的观点,被调查的小学生中,74.3%的人选择"完全同意",15.7%的人选择"大部分同意",7.1%的人选择"基本同意"。缺失的67个样本分两种情况:没有进行选择和多选。可见,97.1%的小学生不同程度地认同"好朋友与其他同学发生冲突,要公平处理"的观点。

表6-3 小学生对"好朋友与其他同学发生冲突,要公平处理"的态度

题 干	选 项	人 数	有效百分比
好朋友与其他同学发生冲突,要公平处理	完全不同意	37	1.2
	大部分不同意	54	1.8
	基本同意	215	7.1
	大部分同意	477	15.7
	完全同意	2263	74.3
	总计	3046	100.0

(三) 小学生对"所有同学都应该拥有相等的权利"的态度

在作答的3113人中,有效样本为3021个,缺失92个(表6-4)。对"所有同学都应该拥有相等的权利"的观点,被调查的小学生中,63.1%的人选择"完全同意",14.8%的人选择"大部分同意",10.2%的人选择"基本同意"。缺失的92个样本分两种情况:没有进行选择和多选。可见,近90%的小

学生不同程度地认同"所有同学都应该拥有相等的权利"的观点。

表6-4 小学生对"所有同学都应该拥有相等的权利"的态度

题 干	选 项	人 数	有效百分比
所有同学都应该拥有相等的权利	完全不同意	194	6.4
	大部分不同意	167	5.5
	基本同意	308	10.2
	大部分同意	447	14.8
	完全同意	1905	63.1
	总计	3021	100

第二节 小学生公正价值观的影响因素分析

一、社会因素

结果显示,城乡因素影响小学生对"所有同学都应该拥有相等的权利"的态度(表6-5)。选择"完全同意"的比率,城市小学生(70.13%)高出农村小学生(58.81%)约11个百分点;而选择"完全不同意"和"大部分不同意"的比率,农村小学生(分别为8.08%和6.40%)共高出城市小学生(分别为3.41%和3.14%)约8个百分点。可见,城市小学生比农村小学生更倾向于认同"所有同学都应该拥有相等的权利"的观点。

表6-5 城乡小学生对"所有同学都应该拥有相等的权利"态度的差异检验

			完全不同意	大部分不同意	基本同意	大部分同意	完全同意	总计	皮尔森卡方检验
所有同学都应该拥有相等的权利	农村	人数	154	122	207	302	1121	1906	
		百分比	8.08	6.40	10.86	15.84	58.81	100.0	
	城市	人数	42	35	105	151	782	42	14.379**
		百分比	3.41	3.14	9.42	13.54	70.13	100.0	
	合计	人数	196	157	312	453	1903	3021	
		百分比	6.49	5.20	10.33	14.99	62.99	100.0	

注:** 为0.01水平显著

二、家庭因素

(一) 父母受教育程度

1. 父母受教育程度不同的小学生对"为了自己的利益损害同学的利益"态度的差异检验

结果显示，父母受教育程度影响小学生对"为了自己的利益损害同学的利益"的态度（表6-6）。选择"完全不同意"和"大部分不同意"选项的比率之和，父母双方学历均在大学以下的小学生最低（71.20%），其次是父母一方学历为大学及以上的小学生（74.22%），父母双方学历均为大学及以上的小学生最高（78.44%）。可见，随着父母受教育程度的提高，小学生选择不同意"为了自己的利益损害同学的利益"观点的比率也相应升高。

表6-6 父母受教育程度不同的小学生对"为了自己的利益损害同学的利益"态度的差异检验

			完全不同意	大部分不同意	基本同意	大部分同意	完全同意	总计	皮尔森卡方检验
为了自己的利益损害同学的利益	父母双方学历在大学以下	人数	1072	367	244	168	170	2021	
		百分比	53.04	18.16	12.07	8.31	8.41	100.0	
	父母一方学历在大学及以上	人数	181	55	30	31	21	318	
		百分比	56.92	17.30	9.43	9.75	6.60	100.0	16.405**
	父母双方学历在大学及以上	人数	314	119	45	38	36	552	
		百分比	56.88	21.56	8.15	6.88	6.52	100.0	
	总计	人数	1567	541	319	237	227	2891	
		百分比	54.20	18.71	7.0	11.03	7.85	100.0	

注：** 为0.01水平显著

2. 父母受教育程度不同的小学生对"好朋友与其他同学发生冲突，要公平处理"态度的差异检验

结果显示，父母受教育程度影响小学生对"好朋友与其他同学发生冲

突，要公平处理"的态度（表6-7）。选择"完全同意"的比率，父母双方学历均在大学及以上的小学生最高，其次是父母一方学历在大学及以上的小学生；选择"大部分同意"的比率，父母双方学历在大学以下的小学生最高，其次是父母一方学历在大学及以上的小学生。总的来看，随着父母受教育程度的提高，小学生认同"好朋友与其他同学发生冲突，要公平处理"观点的比例也相应升高。

表6-7　父母受教育程度不同的小学生对"好朋友与其他同学发生冲突，要公平处理"态度的差异检验

			完全不同意	大部分不同意	基本同意	大部分同意	完全同意	总计	皮尔森卡方检验
好朋友与其他同学发生冲突，要公平处理	父母双方学历在大学以下	人数	33	42	157	348	1526	2106	20.595**
		百分比	1.57	1.99	7.45	16.52	72.46	100.0	
	父母一方学历在大学及以上	人数	3	4	25	51	261	344	
		百分比	0.87	1.16	7.27	14.83	75.87	100.0	
	父母双方学历在大学及以上	人数	1	7	32	76	471	587	
		百分比	0.17	1.19	5.45	12.95	80.24	100.0	
	总计	人数	37	53	214	475	2258	3037	
		百分比	1.2	1.7	7.0	15.6	74.3	100.0	

注：** 为0.01水平显著

3. 父母受教育程度不同的小学生对"所有同学都应该拥有相等的权利"态度的差异检验

结果显示，父母受教育程度影响小学生对"所有同学都应该拥有相等的权利"的态度（表6-8）。选择"完全同意"和"大部分同意"选项的比率之和，父母双方学历均在大学及以上的小学生最高，其次是父母一方学历在大学及以上的小学生。可见，随着父母受教育程度的提高，小学生认同"所有同学都应该拥有相等的权利"这一观点的比例也相应增加。

表 6-8 父母受教育程度不同的小学生对"所有同学都应该拥有相等的权利"态度的差异检验

			完全不同意	大部分不同意	基本同意	大部分同意	完全同意	总计	皮尔森卡方检验
所有同学都应该拥有相等的权利	父母双方学历在大学以下	人数	155	131	220	317	1271	2094	16.405**
		百分比	7.40	6.26	10.51	15.41	60.70	100.0	
	父母一方学历在大学及以上	人数	20	16	41	45	216	338	
		百分比	5.92	4.73	12.31	13.31	63.91	100.0	
	父母双方学历在大学及以上	人数	18	18	47	82	416	581	
		百分比	3.10	3.10	8.09	14.11	71.60	100.0	
总计		人数	193	165	308	444	1903	3013	
		百分比	6.4	5.5	10.2	14.7	63.2	100.0	

注：** 为 0.01 水平显著

（二）家境

1. 不同家境的小学生对"为了自己的利益损害同学的利益"态度的差异检验

结果显示，家境影响小学生对"为了自己的利益损害同学的利益"的态度（表 6-9）。选择"完全同意"和"大部分同意"的百分比，家境贫困的小学生（分别为 9.02% 和 14.75%）和家境富有的小学生（分别为 12.00% 和 11.00%）均高于家境一般的小学生（分别为 7.26% 和 7.64%），其中家境贫困的小学生比率最高。选择"完全不同意"和"大部分不同意"的百分比，家境一般的小学生最高（分别为 55.26% 和 19.07%），其次是家境富有的小学生（分别为 51.00% 和 19.00%），最低是家境贫困的小学生（分别为 43.85% 和 17.21%）。可见，家境一般的小学生更倾向于否定"为了自己的利益损害同学的利益"的观念，而家境贫困的小学生对此观点的认同比率最高。

表6-9 不同家境的小学生对"为了自己的利益损害同学的利益"态度的差异检验

			完全不同意	大部分不同意	基本同意	大部分同意	完全同意	总计	皮尔森卡方检验
为了自己的利益损害同学的利益	贫困	人数	107	42	37	36	22	244	29.127**
		百分比	43.85	17.21	15.16	14.75	9.02	100.0	
	一般	人数	1339	462	261	185	176	2423	
		百分比	55.26	19.07	10.77	7.64	7.26	100.0	
	富有	人数	51	19	7	11	12	100	
		百分比	51.00	19.00	7.00	11.00	12.00	100.0	
	合计	人数	1497	523	305	232	210	2767	
		百分比	54.01	18.90	11.02	8.38	7.59	100.0	

注：** 为0.01水平显著

2. 不同家境的小学生对"所有同学都应该拥有相等的权利"态度的差异检验

结果显示，家境影响小学生对"所有同学都应该拥有相等的权利"的态度（表6-10）。选择"完全同意"的百分比，家境一般的小学生（64.14%）高于家境富有的小学生（58.16%）和家境贫困的小学生（52.89%），而家境贫困的小学生选择"完全不同意"的百分比最高（14.05%）。可见，家境一般的小学生更倾向于认同"所有同学都应该拥有相等的权利"观点，家境贫困的小学生这种倾向性最弱。

表6-10 不同家境的小学生对"所有同学都应该拥有相等的权利"态度的差异检验

			完全不同意	大部分不同意	基本同意	大部分同意	完全同意	总计	皮尔森卡方检验
所有同学都应该拥有相等的权利	贫困	人数	34	12	27	41	128	242	32.203**
		百分比	14.05	4.96	11.16	16.94	52.89	100.0	
	一般	人数	140	131	246	353	1556	2426	
		百分比	5.77	5.40	10.14	14.55	64.14	100.0	
	富有	人数	5	4	12	20	57	98	
		百分比	5.10	4.08	12.24	20.41	58.16	100.0	
	合计	人数	179	147	285	414	1741	2766	
		百分比	6.5	5.3	10.3	15.0	62.9	100.0	

注：** 为0.01水平显著

三、个人因素

（一）独生子女

1. 独生子女与非独生子女小学生对"好朋友与其他同学发生冲突，要公平处理"态度的差异检验

结果显示，是否为独生子女影响小学生对"好朋友与其他同学发生冲突，要公平处理"的态度（表6-11）。选择"完全同意"和"大部分同意"的比率之和，独生子女（91.67%）高于非独生子女（88.54%）。可见，相对而言，独生子女小学生在"好朋友与其他同学发生冲突，需要我帮助"时，更倾向于采取"问清事实，公平处理"的态度。

表6-11 独生子女与非独生子女小学生对"好朋友与其他同学发生冲突，要公平处理"态度的差异检验

			完全不同意	大部分不同意	基本同意	大部分同意	完全同意	总计	皮尔森卡方检验
好朋友与其他同学发生冲突，要公平处理	独生子女	人数	14	22	93	219	1201	1549	13.879**
		百分比	0.90	1.42	6.00	14.14	77.53	100.0	
	非独生子女	人数	20	29	103	221	953	1326	
		百分比	1.51	2.19	7.77	16.67	71.87	100.0	
	合计	人数	34	51	196	440	2154	2875	
		百分比	1.2	1.8	6.8	15.3	74.9	100.0	

注：** 为0.01水平显著

2. 独生子女与非独生子女小学生对"所有同学都应该拥有相等的权利"态度的差异检验

结果显示，是否独生子女影响小学生对"所有同学都应该拥有相等的权利"的态度（表6-12）。选择"完全不同意"和"大部分不同意"的比率，非独生子女（分别为7.60%和5.79%）高于独生子女（分别为5.44%和5.11%）。可见，独生子女小学生更倾向于认为"所有同学都应该拥有相等的权利"。

表6-12 独生子女与非独生子女小学生对"所有同学
都应该拥有相等的权利"态度的差异检验

			完全不同意	大部分不同意	基本同意	大部分同意	完全同意	总计	皮尔森卡方检验
所有同学都应该拥有相等的权利	独生子女	人数	83	78	138	191	1037	1527	30.167**
		百分比	5.44	5.11	9.04	12.51	67.91	100.0	
	非独生子女	人数	101	77	148	229	774	1329	
		百分比	7.60	5.79	11.14	17.23	58.24	100.0	
	合计	人数	184	155	286	420	1811	2856	
		百分比	6.4	5.4	10.0	14.7	63.4	100.0	

注：** 为0.01水平显著

(二) 性别

1. 不同性别的小学生对"好朋友与其他同学发生冲突，要公平处理"态度的差异检验

结果显示，性别影响小学生对"好朋友与其他同学发生冲突，要公平处理"的态度（表6-13）。选择"完全同意"的比率，女生（77.18%）比男生（71.57%）要高得多；选择"大部分同意"的比率，男生（17.04%）比女生（14.21%）高；从两者之和看，女生（91.39%）高于男生（88.61%）。

表6-13 不同性别的小学生对"好朋友与其他同学
发生冲突要公平处理"态度的差异检验

			完全不同意	大部分不同意	基本同意	大部分同意	完全同意	总计	皮尔森卡方检验
好朋友与其他同学发生冲突，要公平处理	男	人数	24	27	120	256	1075	1502	15.393**
		百分比	1.60	1.80	7.99	17.04	71.57	100.0	
	女	人数	12	27	93	218	1184	1534	
		百分比	0.78	1.76	6.06	14.21	77.18	100.0	
	合计	人数	36	54	213	474	2259	3036	
		百分比	1.2	1.8	7.0	15.6	74.4	100.0	

注：** 为0.01水平显著

2. 不同性别的小学生对"所有同学都应该拥有相等的权利"态度的差异检验

结果显示，性别影响小学生对"所有同学都应该拥有相等的权利"的态度（表6-14）。选择"完全同意"和"大部分同意"的比率，男生（分别为61.74%和14.09%）比女生（分别为64.63%和15.32%）要低一些。可见，女生比男生更倾向于认同"所有同学都应该拥有相等的权利"的观点。

表6-14 不同性别的小学生对"所有同学都应该拥有相等的权利"态度的差异检验

			完全不同意	大部分不同意	基本同意	大部分同意	完全同意	总计	皮尔森卡方检验
所有同学都应该拥有相等的权利	男	人数	101	84	175	210	920	1490	9.673*
		百分比	6.78	5.64	11.74	14.09	61.74	100.0	
	女	人数	93	81	131	233	983	1521	
		百分比	6.11	5.33	8.61	15.32	64.63	100.0	
	合计	人数	194	165	306	443	1903	3011	
		百分比	6.4	5.5	10.2	14.7	63.2	100.0	

注：*为0.05水平显著

（三）年级

1. 不同年级的小学生对"为了自己的利益损害同学的利益"态度的差异检验

结果显示，年级影响小学生对"为了自己的利益损害同学的利益"的态度（表6-15）。选择"完全不同意"的比率，六年级小学生最高（55.45%），五年级和四年级小学生相同（均为52.15%）；选择"大部分不同意"的比率，也是六年级小学生最高（22.56%），其次是四年级小学生（17.29%），最低是五年级小学生（15.19%）。可见，六年级小学生更倾向于反对"为了自己的利益损害同学的利益"，其次是四年级小学生，两者均强于五年级小学生。

表6-15 不同年级的小学生对"为了自己的利益损害同学的利益"态度的差异检验

			完全不同意	大部分不同意	基本同意	大部分同意	完全同意	总计	皮尔森卡方检验
为了自己的利益损害同学的利益	四年级	人数	534	177	129	98	86	1024	
		百分比	52.15	17.29	12.60	9.57	8.40	100.0	
	五年级	人数	493	137	98	82	92	902	
		百分比	52.15	15.19	10.86	9.09	10.20	100.0	39.456**
	六年级	人数	585	238	103	66	63	1055	
		百分比	55.45	22.56	9.76	6.26	5.97	100.0	
	合计	人数	1612	552	330	246	241	2981	
		百分比	54.08	18.52	11.07	8.25	8.08	100.0	

注:** 为0.01水平显著

2. 不同年级的小学生对"所有同学都应该拥有相等的权利"态度的差异检验

结果显示,年级影响小学生对"所有同学都应该拥有相等的权利"的态度(表6-16)。选择"完全同意"的比率,四年级小学生最低(56.02%),五年级小学生次之(64.80%),六年级小学生最高(68.73%)。可见,随着年级的升高,小学生更倾向于认同"所有同学都应该拥有相等的权利"的观点。

表6-16 年级不同的小学生对"所有同学都应该拥有相等的权利"态度的差异检验

			完全不同意	大部分不同意	基本同意	大部分同意	完全同意	总计	皮尔森卡方检验
所有的同学都应该拥有相等的权利	四年级	人数	92	73	114	174	578	1031	
		百分比	8.92	7.08	11.06	16.88	56.02	100.0	
	五年级	人数	50	41	97	127	580	895	
		百分比	5.58	4.58	10.84	14.19	64.80	100.0	38.538**
	六年级	人数	50	37	96	146	723	1052	
		百分比	4.72	3.52	9.13	13.88	68.73	100.0	
	合计	人数	192	151	307	447	1881	3026	
		百分比	6.35	4.99	10.15	15.76	62.16	100.0	

注:** 为0.01水平显著

第三节 基本结论、讨论与建议

一、基本结论与讨论

（一）基本结论

从个人与他人、好友与他人的利益冲突以及人权平等的观点两个层面三个方面来看，当代小学生的公正价值观发展状况良好。从影响因素看，社会因素中只有城乡因素影响小学生公正价值观，而民族因素没有显著影响；家庭因素中，父母受教育程度和家境对小学生的公正价值观有显著影响，其中父母受教育程度影响最大，家庭类型则没有显著影响；个人因素中，除了是否担任过班级干部外，其他因素均对小学生的公正价值观有不同程度的影响（表6-17）。

表6-17 影响小学生公正价值观的因素

项目	社会因素		家庭因素			个人因素				总计
	城乡	民族	父母受教育程度	家境	家庭类型	是否独生子女	性别	年级	是否担任过班级干部	
自己与他人			●	●				●		3
好友与他人			●			●	●			3
人人权利平等	●		●	●		●	●	●		6
总计	1	0	3	2	0	2	2	2	0	12

面对自己利益与他人利益相冲突的情形，仅有70%多的小学生反对"损人利己"的观点，而近30%的小学生不同程度地认同这一观点。进一步分析发现，小学生在自己利益与他人利益发生冲突时的选择，受父母双方受教育程度、家境、年级等因素的影响。对"为了自己的利益损害同学的利益"的观点，随着父母受教育程度的提高，小学生持否定态度的比率也相应升高；

相对而言，家境一般的小学生更倾向于否定这一观点，而家境贫困的小学生对此观点的认同比率最高。与四年级和五年级小学生相比，六年级小学生更倾向于反对这一观点，而五年级小学生赞成这一观点的比率最高。

97.1%的小学生对"好朋友与其他同学发生冲突，要公平处理"的观点持肯定态度。这是小学生公正价值观调查中获得肯定比率最高的一项。进一步分析表明，父母受教育程度越高的小学生，越倾向于选择"问清事实，公平处理"；相对而言，独生子女对这一观点的认同度高于非独生子女，女生高于男生。

90%的小学生对"所有同学都应该拥有相等的权利"的观点持认同态度。影响小学生在这一题上的选择的因素最多。进一步分析发现，城市地区、独生子女小学生更倾向于持认同态度；女生的认同度高于男生；随着父母双方受教育程度的升高，随着年级的升高，小学生认同这一观点的比例也相应增加。

（二）讨论

1. 父母受教育程度对小学生公正价值观的影响

调查结果显示，父母受教育程度是影响小学生公正价值观的重要因素，而且呈现出一定的规律性，即随着父母受教育程度的升高，小学生的公正意识也相应增强。这与公正价值观本身所具有的时代性相关，父母受教育程度较高家庭的文化与公正的性质相契合，有利于培养小学生的公正价值观。

2. 小学生公正意识的"相对性"

从调查问卷中关涉的公正价值观的三个方面来看，小学生的公正意识具有"相对性"。当面对的事情与自己的个人利益不相关时，小学生普遍具有很强的公正意识；但当与自己利益发生冲突时，一些小学生的公正意识就减弱了。尤其是当个人利益与他人利益相冲突时，近1/3的小学生认同为了自己的利益损害他人利益的观点。这既是人性弱点的体现，也与时代密切相关。也就是说，小学生对待个人利益与他人利益关系的态度并不是他们所独有的，而是具有一定的普遍性。

3. 不同年级小学生公正价值观的差异

年级是影响小学生公正价值观的一个主要因素，随着年级的升高，小学生的公正意识有所变化。对"所有同学都应该拥有相等的权利"这一观点，小学生的认同率随年级的升高而增大；对"为了自己的利益损害同学的利益"的观点，六年级小学生更倾向于反对，其次是四年级小学生，二者均强于五年级小学生。这一现象，一方面表明随着年龄、年级的升高，小学生的公正意识在增强，另一方面也反映出学校教育的有效性。至于在对待个人利益与他人利益的冲突上五年级学生的公正性取向弱于四年级小学生，也有这个年级学生的特殊性。（在本书第三章小学生规则价值观调查中也出现了同样的结果，并作了分析，在此不再赘述。）

二、建议

恰当地处理个人利益与他人、团体利益之间的关系，是公正价值观的基本内涵，小学生的公正价值观教育的重要内容之一是帮助他们学习如何思考、处理个人利益与他人利益的关系。基于上述调查分析，学校对小学生的公正价值观教育应重视以下几个方面。

（一）重视营造学校生活中体现公正价值观的氛围

在日常生活特别是学校的教育活动中，重视对小学生公正价值观的教育，要在学校生活中营造体现公正价值的氛围，引导小学生在实际的生活情境中感受到公正价值的存在，让小学生在生活中感受到公正价值的重要意义，正确认识公正价值实现的复杂性，正确处理个人利益与他人利益之间的关系，养成良好的公正意识。

（二）重视家庭在小学生公正价值观教育中的作用

家庭是小学生接受教育的最初场所，家长是小学生的第一任教师。家庭的文化氛围、家长在日常生活中的言行举止，对小学生的影响是非常大的。通过调查结果分析可见，父母受教育程度对小学生的公正价值观发展有显著影响，因此，学校在开展公正价值观教育时应特别关注家庭对小学生公正价值观的影响，与家庭教育相配合，形成合力。

（三）注重对四年级和五年级小学生的公正价值观教育

调查结果说明，公正价值观不是与生俱来的，它的养成有赖于后天生活的教育和引导。因此，在学校教育生活中，要特别注意在学生中开展公正价值观教育，尤其是对于年龄较小的四年级和五年级学生，应该积极地引导他们生活和学习，并在其中有意识地渗透公正理念，这对于提高小学生的公正意识是大有好处的。

第七章

小学生的宽容价值观

宽容，在《现代汉语词典》中的解释是：宽大有气量，不计较或不追究。① 房龙在《宽容》一书中引用了《大英百科全书》对宽容（来源于拉丁语 tolerare）的定义：容许别人行动和判断的自由；对不同于自己或传统观点的见解的耐心公正的容忍。② 此外，宽容的内涵有多种，如宽容是基于平等的自由精神而表现出的对所不赞成的生活方式、价值观念、爱好情趣的容忍，也是一种以容忍和退让来处理或对付他人某种无理行为的态度。在一定原则和某种限度内，一般不采用针锋相对的反击态度。宽容常常出于把遭受挫折的人视为需要帮助的人，懂得在适当时机和一定范围内，让他们充分发泄和表达不满的必要。宽容也是一种宽大、有气量、能容人的道德品质和待人态度。对别人的利益、信念、信仰、行为、习惯等能够谅解，不予计较；对别人的过失和错误不多加追究；对不同的观点和思想，不采取压制等极端手段，主张以说服和教育的方法进行疏导，以便协调各种利益之间

---

① 中国社会科学院语言研究所词典编辑室. 现代汉语词典 [M]. 2002 年增补本. 北京：商务印书馆，2002：733.
② 房龙. 宽容 [M]. 北京：生活·读书·新知三联书店，1985：13.

的矛盾。①

第一节 小学生宽容价值观的描述性分析

一、调查问卷的结构与编制意图

本问卷共设计了两道题来调查小学生的宽容价值观状况（表7-1），分别考察小学生对同学、老师过失的宽容态度。对不同类型的小学生在宽容价值观各题目不同选项上的选择比率进行统计，从而推断不同类型的小学生是否有选择倾向上的不同。②

表7-1 调查问卷结构——宽容价值观

基础德目	德目指向	二级德目	题号	内　　容
宽容 （共2题）	同学	谅解	8	同学背地里说我坏话，但后来向我道歉了
	老师	不追究	37	老师上课时无法回答学生很不应该

二、小学生的宽容价值观状况

（一）小学生对"同学背地里说我坏话，但后来向我道歉了"的态度

在作答的3113人中，有效样本为3081个，缺失32个（表7-2）。对"同学背地里说我坏话，但后来向我道歉了"，83.3%的小学生选择"会原谅他"（选项A），13.4%的小学生选择"看情形定"（选项B），仅有1.5%的小学生选择"不会原谅他"（选项C），1.9%的小学生选择"也说他的坏话"（选项D）。在对"其他"（选项E）的调查中发现，小学生的文字表述主要

---

① 张淑琴. 论学术探讨的宽容精神[D]. 长沙：中南大学，2006.
② 由于宽容维度下的各题目选项按计数数据处理，所以个体不进行合并。不同类型的小学生在不同题目上的差异的显著性不同，整体上在所调查的样本中，能很好体现较强宽容意识的选项被选择的比率最高。

是"人无完人，都会犯错的"、"道歉了就好"等。可见，80%以上的小学生能够宽容同学的过错。

表7-2 小学生对"同学背地里说我坏话，但后来向我道歉了"的态度

题 干	选 项	人 数	有效百分比
同学背地里说我坏话，但后来向我道歉了	A	2565	83.3
	B	412	13.4
	C	46	1.5
	D	58	1.9
	总计	3081	100

（二）小学生对"老师上课无法回答学生很不应该"的态度

在作答的3113人中，有效样本为3025个，缺失88个（表7-3）。对"老师上课无法回答学生很不应该"的观点，27.8%的小学生选择"完全不同意"，18.5%的小学生选择"大部分不同意"。可见，46.3%小学生不同程度地对"老师上课无法回答学生"的现象持宽容态度。

表7-3 小学生对"老师上课无法回答学生很不应该"的态度

题 干	选 项	人 数	有效百分比
老师上课无法回答学生很不应该	完全不同意	840	27.8
	大部分不同意	559	18.5
	基本同意	579	19.1
	大部分同意	526	17.4
	完全同意	521	17.2
	总计	3025	100

第二节　小学生宽容价值观的影响因素分析

一、社会因素

(一) 城乡小学生对"同学背地里说我坏话,但后来向我道歉了"态度的差异检验

结果显示,城乡因素影响小学生对"同学背地里说我坏话,但后来向我道歉了"的态度(表7-4)。选择直接原谅同学(选项A)的比率,农村小学生(86.53%)高出城市小学生(77.71%)近9个百分点;而选择"看情形定"(选项B)的比率,城市小学生(19.45%)高出农村小学生(9.91%)近10个百分点。可见,农村小学生比城市小学生更倾向于直接宽容同学,而近两成的城市小学生会"看情形定"。

表7-4　城乡小学生对"同学背地里说我坏话,但后来向我道歉了"态度的差异检验

			A	B	C	D	总计	皮尔森卡方检验
同学背地里说我坏话,但后来向我道歉了	农村	人数	1676	192	35	35	1937	
		百分比	86.53	9.91	1.80	1.76	100	
	城市	人数	875	219	8	24	1126	27.553**
		百分比	77.71	19.45	0.71	2.13	100	
	总计	人数	2551	411	43	58	3063	
		百分比	83.28	13.42	1.41	1.89	100	

注:**为0.01水平显著

(二) 城乡小学生对"老师上课无法回答学生很不应该"态度的差异检验

结果显示,城乡因素影响学生对"老师上课无法回答学生很不应该"的态度(表7-5)。城乡小学生选择各个选项的比率差异都比较大。其中,选择

"完全不同意"的比率,农村小学生(28.56%)高出城市小学生(25.11%)约3个百分点;选择"大部分不同意"的比率,城市小学生(21.03%)高出农村小学生(16.12%)约5个百分点,两者之和,城市小学生(46.14%)略高于农村小学生(44.68%)。而选择"完全同意"的比率,城市小学生(22.89%)高出农村小学生(15.96%)约7个百分点。总体上看,城乡小学生对待老师上课无法回答学生现象的态度没有太大差异,但在各个具体选项上差异较大。

表7-5 城乡小学生对"老师上课无法回答学生很不应该"态度的差异检验

			完全不同意	大部分不同意	基本同意	大部分同意	完全同意	总计	皮尔森卡方检验
老师上课无法回答学生很不应该	农村	人数	542	306	380	367	303	1898	24.023**
		百分比	28.56	16.12	20.02	19.34	15.96	100	
	城市	人数	283	237	193	156	258	1127	
		百分比	25.11	21.03	17.13	13.84	22.89	100	
	总计	人数	825	543	573	523	561	3025	
		百分比	27.27	17.95	18.94	17.29	18.55	100	

注:** 为0.01水平显著

二、家庭因素

(一)父母受教育程度不同的小学生对"同学背地里说我坏话,但后来向我道歉了"态度的差异检验

结果显示,父母受教育程度影响小学生对"同学背地里说我坏话,但后来向我道歉了"的态度(表7-6)。选择"看情形定"(选项B)的比率,父母双方学历均在大学及以上的小学生(19.19%)高于父母一方学历在大学及以上的小学生(16.76%)和父母双方学历均在大学以下的小学生(11.23%);选择"会原谅他"(选项A)的比率,父母学历均在大学以下

的小学生（84.80%）高于父母一方学历在大学及以上的小学生（81.79%）和父母双方学历均在大学及以上的小学生（78.44%）。可见，相对而言，父母受教育程度越高的小学生选择宽容同学的比例越小，而选择"看情形定"的比例越高。

表7-6 父母受教育程度不同的小学生对"同学背地里说我坏话，但后来向我道歉了"态度的差异检验

			A	B	C	D	总计	皮尔森卡方检验
同学背地里说我坏话，但后来向我道歉了	父母双方学历在大学以下	人数	1813	240	42	43	2138	41.745**
		百分比	84.80	11.23	1.96	2.01	100	
	父母一方学历在大学及以上	人数	283	58	2	3	346	
		百分比	81.79	16.76	0.58	0.87	100	
	父母双方学历在大学及以上	人数	462	113	2	12	589	
		百分比	78.44	19.19	0.34	2.04	100	
	合计	人数	2558	411	46	58	3073	
		百分比	83.2	13.4	1.5	1.9	100	

注：** 为0.01水平显著

（二）父母受教育程度不同的小学生对"老师上课无法回答学生很不应该"态度的差异检验

结果显示，父母受教育程度影响小学生对"老师上课无法回答学生很不应该"的态度（表7-7）。选择"完全不同意"和"大部分不同意"的比率，父母一方学历在大学及以上的小学生（49.41%），高于父母双方学历均在大学及以上的小学生（46.73%）和父母双方学历均在大学以下的小学生（45.60%）。可见，父母一方受教育程度高的小学生选择宽容老师的比率高于其他两类小学生。

表7-7 父母受教育程度不同的小学生对"老师上课无法回答学生问题很不应该"态度的差异检验

			完全不同意	大部分不同意	基本同意	大部分同意	完全同意	总计	皮尔森卡方检验
老师上课无法回答学生很不应该	父母双方学历在大学以下	人数	595	360	415	374	350	2094	18.323*
		百分比	28.41	17.19	19.82	17.86	16.71	100	
	父母一方学历在大学及以上	人数	98	70	67	56	49	340	
		百分比	28.82	20.59	19.71	16.47	14.41	100	
	父母双方学历在大学及以上	人数	145	127	96	93	121	582	
		百分比	24.91	21.82	16.49	15.98	10.79	100	
合计		人数	838	557	578	523	520	3016	
		百分比	27.8	18.5	19.2	17.3	17.3	100	

注：*为0.05水平显著

三、个人因素

（一）独生子女

1. 独生子女与非独生子女小学生对"同学背地里说我坏话，但后来向我道歉了"态度的差异检验

调查结果显示，是否为独生子女影响小学生对"同学背地里说我坏话，但后来向我道歉了"的态度（表7-8）。选择"会原谅他"（选项A）的比率，非独生子女（87.12%）高于独生子女（80.26%）；选择"看情形定"（选项B）的比率，独生子女（16.67%）高于非独生子女（9.55%）。可见，非独生子女宽容同学的比例高于独生子女，而独生子女考虑具体情形再做决定的比例更高一些。

表7-8 独生子女与非独生子女小学生对"同学背地里说我坏话，但后来向我道歉了"态度的差异检验

			A	B	C	D	总计	皮尔森卡方检验
同学背地里说我坏话，但后来向我道歉了	独生子女	人数	1252	260	19	29	2138	33.460**
		百分比	80.26	16.67	1.22	1.86	100	
	非独生子女	人数	1177	129	24	21	1351	
		百分比	87.12	9.55	1.78	1.55	100	
	总计	人数	2429	389	43	50	2911	
		百分比	83.4	13.3	1.5	1.7	100	

注：** 为0.01水平显著

2. 独生子女与非独生子女小学生对"老师上课无法回答学生很不应该"态度的差异检验

结果显示，是否是独生子女影响小学生对"老师上课无法回答学生很不应该"的态度（表7-9）。选择"完全不同意"和"大部分不同意"的比率，独生子女（分别为28.07%和20.79%）均高于非独生子女（分别为27.64%和15.87%）。可见，独生子女学生更倾向于宽容对待"老师上课无法回答学生"的现象。

表7-9 独生子女与非独生子女小学生对"老师上课无法回答学生很不应该"态度的差异检验

			完全不同意	大部分不同意	基本同意	大部分同意	完全同意	总计	皮尔森卡方检验
老师上课无法回答学生很不应该	独生子女	人数	432	320	271	241	275	1539	21.578**
		百分比	28.07	20.79	17.61	15.66	17.87	100	
	非独生子女	人数	364	209	278	257	209	1317	
		百分比	27.64	15.87	21.11	19.51	15.87	100	
	总计	人数	796	529	549	498	484	2856	
		百分比	27.9	18.5	19.22	17.4	16.9	100	

注：** 为0.01水平显著

(二) 性别

1. 不同性别的小学生对"同学背地里说我坏话,但后来向我道歉了"态度的差异检验

结果显示,性别影响小学生对"同学背地里说我坏话,但后来向我道歉了"的态度(表7-10)。选择"会原谅他"(选项 A)的比率,女生(84.83%)高于男生(81.80%);选择"看情形定"(选项 B)的比率,男生(14.19%)高于女生(12.46%)。可见,女生更倾向于选择宽容同学。

表 7-10 不同性别的小学生对"同学背地里说我坏话,但后来向我道歉了"态度的差异检验

			A	B	C	D	总计	皮尔森卡方检验
同学背地里说我坏话,但后来向我道歉了	男生	人数	1245	216	23	38	1522	8.526*
		百分比	81.80	14.19	1.51	2.50	100	
	女生	人数	1314	193	22	20	1549	
		百分比	84.83	12.46	1.42	1.29	100	
	总计	人数	2559	409	45	58	3071	
		百分比	83.3	13.3	1.5	1.9	100	

注:*为0.05水平显著

2. 不同性别的小学生对"老师上课无法回答学生很不应该"态度的差异检验

结果显示,性别因素影响小学生对"老师上课无法回答学生很不应该"的态度(表7-11)。选择"完全不同意"的比率,男生(27.92%)与女生(27.59%)相近;选择"大部分不同意"的比率,女生(20.77%)则比男生(16.17%)高。可见,对老师上课回答不出学生问题的现象,女生比男生更倾向于选择宽容老师。

表 7-11 不同性别的小学生对"老师上课无法回答学生很不应该"态度的差异检验

			完全不同意	大部分不同意	基本同意	大部分同意	完全同意	总计	皮尔森卡方检验
老师上课无法回答学生很不应该	男	人数	416	241	281	268	284	1490	
		百分比	27.92	16.17	18.86	17.99	19.06	100	
	女	人数	421	317	296	257	235	1526	15.200**
		百分比	27.59	20.77	19.40	16.84	15.40	100	
	总计	人数	837	558	577	525	519	3016	
		百分比	27.8	18.5	19.1	17.4	17.2	100	

注：** 为 0.01 水平显著

（三）年级

1. 不同年级的小学生对"同学背地里说我坏话，但后来向我道歉了"态度的差异检验

结果显示，年级影响小学生对"同学背地里说我坏话，但后来向我道歉了"的态度（表 7-12）。选择"会原谅他"（选项 A）的比率，四年级小学生（87.62%）高于五年级小学生（82.52%）和六年级小学生（79.61%）；选择"看情形定"（选项 B）的比率，六年级小学生（17.67%）高于五年级小学生（13.46%）和四年级小学生（8.86%）。可见，四年级小学生选择直接原谅的态度强于五年级和六年级小学生，而随着年级的升高，小学生做决定越来越多地考虑情境因素。

表 7-12 不同年级的小学生对"同学背地里说我坏话，但后来向我道歉了"态度的差异检验

			A	B	C	D	总计	皮尔森卡方检验
同学背地里说我坏话，但后来向我道歉了	四年级	人数	920	93	15	22	1050	
		百分比	87.62	8.86	1.43	2.10	100	
	五年级	人数	760	124	20	17	921	
		百分比	82.52	13.46	2.17	1.85	100	40.308**
	六年级	人数	847	188	10	19	1064	
		百分比	79.61	17.67	0.94	1.79	100	
	合计	人数	2527	405	45	58	3035	
		百分比	83.3	13.3	1.5	1.9	100	

注：** 为 0.01 水平显著

2. 不同年级的小学生对"老师上课无法回答学生很不应该"态度的差异检验

结果显示，年级影响小学生对"老师上课无法回答学生很不应该"的态度（表 7 - 13）。选择"完全不同意"的比率，四年级小学生最高（29.38%），其次是五年级小学生（27.51%），六年级小学生（26.45%）最低；选择"大部分不同意"的比率，五年级小学生（19.27%）高于六年级和四年级小学生（分别为 18.48% 和 18.09%）。总的来看，对"老师回答不上学生"的现象，四年级小学生比五年级和六年级的小学生态度更宽容一些。

表 7 - 13 不同年级的小学生对"老师上课无法回答学生很不应该"态度的差异检验

			完全不同意	大部分不同意	基本同意	大部分同意	完全同意	总计	皮尔森卡方检验
老师上课无法回答学生很不应该	四年级	人数	302	186	221	143	176	1028	20.390**
		百分比	29.38	18.09	21.50	13.91	17.21	100	
	五年级	人数	247	173	148	162	168	898	
		百分比	27.51	19.27	16.48	18.04	18.71	100	
	六年级	人数	279	195	205	206	170	1055	
		百分比	26.45	18.48	19.43	19.53	16.11	100	
	总计	人数	828	554	574	511	514	2981	
		百分比	27.8	18.6	19.3	17.1	17.2	100	

注：** 为 0.01 水平显著

第三节 基本结论、讨论与建议

一、基本结论与讨论

（一）基本结论

总体来看，小学生对同学背后说自己坏话的现象比较宽容，而对老师上课不能回答学生的情况并不大宽容。从影响因素看，社会因素中只有城乡因素影响小学生的宽容意识，而民族因素没有显著影响；在家庭因素中，只有父母受教育程度对小学生的宽容意识有影响，其他因素的影响均不显著；个人因素中，除了是否担任过班级干部一项外，其他三项对小学生的宽容意识均有影响（表7-14）。

表7-14 影响小学生宽容价值观的因素

项 目	社会因素		家庭因素			个人因素				总计
	城乡	民族	父母受教育程度	家境	家庭类型	是否独生子女	性别	年级	是否担任过班级干部	
被同学说坏话	●		●			●	●	●		5
老师不能回答学生	●		●				●	●		5
总计	2	0	2	0	0	2	2	2	0	10

调查结果显示，80%以上的小学生能够原谅同学的过错，接受同学的道歉。进一步分析发现，农村地区、非独生子女的小学生更倾向于直接宽容同学，而城市地区、独生子女的小学生选择"看情形定"的比例更大一些；父母受教育程度越高的小学生选择直接宽容的比例越低，而选择"看情形定"的比例越高；四年级小学生选择直接宽容的比例要高于五年级和六年级小学生，但随着年级的升高，小学生考虑情境因素的比例也相应增大。

对老师上课不能回答学生的现象，仅有46.3%的小学生选择不同程度的宽容。进一步分析发现，城市地区、独生子女的小学生及女生比农村地区、非独生子女的小学生及男生更倾向于宽容。随着父母受教育程度的提高，小学生选择宽容的比例也相应升高。对这一现象，四年级小学生比五年级和六年级小学生更为宽容。

（二）讨论

1. 如何看待小学生对同学的"直接原谅"与"看情形而定"

面对同学背后说自己坏话事后道歉的现象，城市地区、父母受教育程度较高、年级较高的小学生选择"看情形定"的比例大于农村地区、父母受教育程度较低、低年级的小学生。对此,我们既不能简单地认定前者的宽容意识不如后者,也不能一味地认为这样不好。从一定意义上看,前者更有理性分析意识,而不是盲目宽容。但问题的关键是要引导他们正确理解宽容的内涵,进而正确对待这样的现象。

2. 如何看待小学生对老师上课不能回答学生的态度

对老师上课不能回答学生的现象,持宽容态度的小学生比例并不高。相对而言,城市地区、父母受教育程度较高的小学生持宽容态度的比例高一些。这可能是因为他们比较能理解教师并不是知识的"万有者",有时不能回答学生也是正常的,而农村地区、父母受教育程度较低的小学生则更多地把教师看作知识的拥有者、权威,认为教师就应该什么都知道,不能回答学生很不应该。四年级小学生中持宽容态度者的比例高于五年级和六年级小学生,这可能是因为前者出于情感而对老师有更多的宽容,五年级和六年级小学生则更多考虑的是知识的学习与教师的职责。

二、建议

无论是在学校还是在家庭中,教师和家长都应该帮助小学生树立正确的宽容意识,引导他们正确对待他人的过错以及认错的意义,理解生活中人与人交往需要宽容以及宽容在其中的意义,在此基础上,提高小学生的宽容意识,帮助他们在生活中学会如何宽容地对待他人,养成宽容的习惯。

教师对宽容价值观应该具有一定的理解和认识,尤其是在现代社会中,应该正确理解宽容,认识到宽容不等于放纵,宽容也不等于没有要求。因此,教师在引导学生正确认识宽容的前提下,在实际的生活情境中也应加强自身的宽容价值观教育。

此外,作为小学教师,应不断提高自己的知识水平,尽可能地满足小学生的需要。对小学生而言,教师是解答他们疑惑的重要人员。同时,教师要引导小学生探求、获得知识,教给他们解决问题的途径与方法,授之以渔,而不是授之以鱼。

第八章

小学生的合作价值观

合作是人类社会存在、发展的基本方式。人类所有重大的成就都是合作的结果,人类漫长的历史就是我们合作本性的最好证明。在现实生活中,人们会为了某个目标而联合起来共同行动,这就是合作。根据《现代汉语词典》的解释,合作是指互相配合做某事或共同完成某项任务。[①] 合作是个人与个人、群体与群体之间为达到共同目的,彼此相互配合的一种联合行动、方式。它至少包括两层含义:二人或多人一起工作以达到共同目的;互相配合做某事或共同完成某项任务。合作意识就是个体在对合作认知的基础上,对合作这种社会交往活动所拥有的一种积极的带有情感色彩的心理觉悟,包括如何合作的意识,即责任感、合作的能力与技巧等意识。合作意识包含两层含义:一是对合作问题的认知水平和程度;二是在行为上有一定的积极性、自觉性和技巧性,也就是能积极运用适当的方法调整自己的行为,以达到与别人协调活动的自觉性。

---

① 中国社会科学院语言研究所词典编辑室. 现代汉语词典 [M]. 2002年增补本. 北京:商务印书馆,2002:509.

第一节 小学生合作价值观的描述性分析

一、调查问卷的结构与编制意图

本问卷设计了一道题来调查小学生的合作价值观状况（表8-1）。通过考察小学生对自己合作行为的自评情况，调查他们与他人合作的态度，进而分析小学生的合作价值观状况。

表8-1 调查问卷结构——合作价值观

基础德目	关系	德目指向	题号	内容
合作（共1题）	人与人	共事	30	我能够和别人一起合作完成事情

二、小学生的合作价值观状况

在抽查的3113名小学生中，有效样本为3041人，缺失72人，选择情况如表8-2所示。在作答的3041名小学生中，选择"基本同意"的比例为15.0%，选择"大部分同意"的比例为25.9%，选择"完全同意"的比例为53.7%。缺失的72个样本主要是由于漏选或多选。可见，近95%的小学生不同程度地认为自己能够和别人一起合作完成事情。

表8-2 小学生对"我能够和别人一起合作完成事情"的态度

题干	选项	人数	有效百分比
我能够和别人一起合作完成事情	完全不同意	59	1.9
	大部分不同意	106	3.5
	基本同意	455	15.0
	大部分同意	788	25.9
	完全同意	1633	53.7
	总计	3041	100

第二节 小学生合作价值观的影响因素分析

一、社会因素

结果表明,社会因素中只有城乡因素影响小学生对"我能够和别人一起合作完成事情"的态度,并存在显著差异(表8-3)。选择"完全同意"和"大部分同意"的比率之和,城市的小学生(84.99%)高于农村小学生(76.36%)。相比较而言,城市小学生更倾向于认为自己能够与他人共事。

表8-3 城乡小学生对"我能够和别人一起合作完成事情"态度的差异检验

			完全不同意	大部分不同意	基本同意	大部分同意	完全同意	总计	皮尔森卡方检验
我能够和别人一起合作完成事情	农村	人数	48	85	315	500	947	1895	46.229**
		百分比	2.53	4.49	16.62	26.39	49.97	100	
	城市	人数	11	21	140	288	686	1146	
		百分比	0.96	1.83	12.22	25.13	59.86	100	
	总计	人数	59	106	455	788	1633	3041	
		百分比	1.94	3.49	14.96	25.91	53.70	100	

注:** 为0.01水平显著

二、家庭因素

(一)父母受教育程度

结果显示,父母受教育程度不同的小学生对"我能够和别人一起合作完成事情"的态度存在显著差异(表8-4)。选择"完全同意"和"大部分同意"的比率之和,父母双方学历均在大学及以上的小学生为87.57%,父母一方学历在大学及以上的小学生为78.26%,父母双方学历均在大学以下的小学生为77.58%。可见,父母受教育程度高的小学生更倾向于认为自己能够与他人共事。

表 8-4　父母受教育程度不同的小学生对"我能够和
别人一起合作完成事情"态度的差异检验

			完全不同意	大部分不同意	基本同意	大部分同意	完全同意	总计	皮尔森卡方检验
我能够和别人一起合作完成事情	父母双方学历在大学以下	人数	44	79	332	550	1024	2029	44.123**
		百分比	2.17	3.89	16.36	27.11	50.47	100	
	父母一方学历在大学及以上	人数	7	12	51	79	173	322	
		百分比	2.17	3.73	15.84	24.53	53.73	100	
	父母双方学历在大学及以上	人数	4	12	53	124	362	555	
		百分比	0.72	2.16	9.55	22.34	65.23	100	
	合计	人数	55	103	436	753	1559	2906	
		百分比	1.9	3.54	15.00	25.91	53.65	100	

注：** 为 0.01 水平显著

（二）家境

结果显示，家境不同的小学生对"我能够和别人一起合作完成事情"的态度存在显著差异（表 8-5）。选择"完全同意"和"大部分同意"的比率之和，家境富有的小学生为 83.17%，家境一般的小学生为 80.24%，家境

表 8-5　不同家境的小学生对"我能够和别人一起合作完成事情"态度的差异检验

			完全不同意	大部分不同意	基本同意	大部分同意	完全同意	总计	皮尔森卡方检验
我能够和别人一起合作完成事情	贫困	人数	9	14	49	64	110	246	24.707**
		百分比	3.66	5.69	19.92	26.02	44.72	100	
	一般	人数	41	80	361	632	1325	2439	
		百分比	1.68	3.28	14.80	25.91	54.33	100	
	富有	人数	1	7	9	21	63	101	
		百分比	0.99	6.93	8.91	20.79	62.38	100	
	总计	人数	51	101	419	717	1498	2786	
		百分比	1.83	3.63	15.03	25.74	53.77	100	

注：** 为 0.01 水平显著

贫困的小学生为 70.74%。可见，家境影响小学生的合作意识，家境越好，小学生认为自己具有合作意识的比例越大。

（三）家庭类型

结果显示，不同家庭类型（一）的小学生对"我能够和别人一起合作完成事情"的态度存在显著差异（表 8-6）。选择"完全同意"和"大部分同意"的比率之和，双亲家庭的小学生最高（81.19%），单亲家庭的小学生最低（72.18%）。可见，双亲家庭的孩子更倾向于认为自己有合作意识，而单亲家庭的小学生认可度则弱一些。

表 8-6 不同家庭类型（一）的小学生对"我能够和别人一起合作完成事情"态度的差异检验

			完全不同意	大部分不同意	基本同意	大部分同意	完全同意	总计	皮尔森卡方检验
我能够和别人一起合作完成事情	双亲家庭	人数	40	66	310	586	1210	2212	
		百分比	1.81	2.99	14.01	26.49	54.70	100	
	单亲家庭	人数	40	66	310	586	1210	2212	
		百分比	2.2	5.79	19.83	22.87	49.31	100	18.164*
	不与父母同住	人数	7	15	56	95	198	371	
		百分比	1.89	4.04	15.09	25.61	53.37	100	
	总计	人数	55	102	438	764	1587	2946	
		百分比	1.87	3.46	14.87	25.93	53.87	100	

注：* 为 0.05 水平显著

第三节　基本结论、讨论与建议

一、基本结论与讨论

（一）基本结论

总体而言，95% 的小学生不同程度地认为自己能够和别人一起合作完成事情。进一步分析发现：家庭因素对小学生的合作价值观影响最大，无论是父母受教育程度，还是家境、家庭类型等，都不同程度地影响小学生的合作价值观；社会因素中只有城乡因素有影响，个人因素则没有显著影响。相对而言，城市地区、父母学历较高、家境较好、双亲家庭的小学生更倾向于认为自己可以和别人一起合作完成事情。

表8-7 影响小学生合作价值观的因素

项目	社会因素		家庭因素			个人因素				总计
	城乡	民族	父母受教育程度	家境	家庭类型	是否独生子女	性别	年级	是否担任过班级干部	
与人合作	●		●	●	●					4

（二）讨论

1. 家庭是影响小学生合作价值观的重要因素

合作是当代社会重要的价值观内容之一。相对于社会因素和个人因素而言，家庭因素成为影响小学生合作价值观的重要因素，即父母双方受教育程度、家境、家庭类型都会影响小学生的合作价值观。其中，父母受教育程度较高、家境好、双亲家庭的孩子更倾向于认为自己能与人合作。这可能与这些家庭的小学生自信心比较强，在交往过程中更容易获得优势地位有关。而城乡因素对小学生合作价值观的影响与家庭因素的影响相一致，其原因在于，一般而言，父母受教育程度高、家境好的小学生大都生活在城市，所以两者相一致是必然的。

2. 怎样看待单亲家庭小学生的合作意识状况

相对而言，单亲家庭的小学生合作意识比较弱，这可能是由于父母双方不和睦，所构成的家庭氛围对孩子产生了负面影响。从感性经验来看，小学生容易因为父母离异而产生自卑心理，认为自己与大家不同从而觉得孤独，这在一定程度上也降低了他们与他人合作的意识和能力。

二、建议

培养小学生的合作精神是时代的要求。生活在21世纪的人们更需要有合作意识，善于与他人合作。近年来，小学生合作问题越来越受到研究者的关注，2000—2010年有关"培养小学生合作能力"的论文数量不断增多。有研究指出，6—7岁是幼儿合作本质认知迅速发展的一个重要时期。[①] 小学阶段正处于价值观的初步形成时期，小学生的合作价值观状况会影响他们未来的人生。因此，在日常教育中，应注意对小学生合作意识的培养。

（一）为小学生提供增强合作意识的环境

合作意识是在人的社会实践中发生和发展的，有研究指出，小学生在交往过程中始终存在着人际间的心理互动，如模仿、暗示、从众、感染等。教师无须计划具体教育细节，重要的是提供给小学生更丰富多彩的活动和交际空间，以利于小学生更自然、更主动地进行交往合作。[②] 同时，还要为小学生的成长营造良好的家庭环境。虽然父母受教育程度和家境是不易改变的，但是父母应该为孩子的成长营造良好的氛围，比如鼓励孩子多读书，为孩子的成长发展提供必要的物质保障等。

（二）为小学生提供更多的机会参与班级管理，锻炼小学生的沟通协作能力

培养小学生的合作价值观，离不开对其合作能力的培养。对于不同年级的小学生，培养其合作能力的主要方式有所不同。对于低年级学生来说，要在游戏中培养其合作能力；对于中年级学生来说，要在游戏与学习中培养其合作能力；而对于高年级学生来说，要在学习中培养其合作能力。

此外，还应当在少先队活动中培养学生合作互助的习惯。1956年阿里安（Arian）和林赛（Lindsey）研究发现，如果对儿童的合作行为进行奖励的

---

① 陈琴，庞丽娟. 论儿童合作的发展与影响因素［J］. 教育理论与实践，2001（3）.
② 邵爱民. 浅谈中小学生与人合作能力的培养［J］. 教育现代化，2000（1）.

话，7岁、12岁成对儿童之间的合作行为更容易产生，但随着奖励的取消，他们之间的合作就会减少。1973年尼尔森（Nelson）和马德森（Madsen）研究发现，给予团体奖赏能够帮助成对的儿童达到目标，产生一种"轮流"的策略，而给予个人奖赏则倾向于使儿童产生一种支配与服从的关系。另外一些有关团体奖赏和个人奖赏的研究也表明，给予团体奖赏比给予个人奖赏对合作行为的影响更大；即使团体奖赏少于个人奖赏，但其所产生的合作行为仍然多于个人奖赏所产生的合作行为。

第九章

小学生的生命道德价值观

生命，是当今时代最为凸显的价值主题。关爱生命是生命道德价值观的核心。生命道德是以生命为原点，调整人与生命之间关系的行为规则总和。其善恶标准，正如史怀泽在《敬畏生命伦理学》中所表达的：善是保持生命，促进生命，使可发展的生命实现其最高价值；恶则是毁灭生命，伤害生命，压制生命的发展。这是必然的、普遍的、绝对的伦理原则。关爱生命的内涵非常丰富，主要包括给予生命、关心生命、对生命负责、尊重生命，在体验中认识生命等方面。

关爱生命已经成为今天社会民众的一项基本共识。那么小学生的这一价值观状况如何，小学生的生命道德价值观念如何？对此，本研究试图围绕关爱生命这一主题设计一组问题来进行考察。

第一节 小学生生命道德价值观的描述性分析

一、调查问卷的结构与编制意图

本问卷设计了两类型共九道题来调查小学生的生命道德价值观状况（表

9-1）。一类是六道选择题（每题各有五个选项），另一类是三道五等级选择题。内容设计依据生命与生命、生命与他物之间的关系，分为直接威胁、间接危害、利益冲突三个层次，形式设计为"情境与多种选项"，通过小学生的选择来调查分析他们对自己生命、他人生命（包括人类生命）、他类生命（包括动物、植物生命）的态度，进而分析小学生的生命道德价值观状况。

表9-1 调查问卷结构

基础德目	关 系	层 次	德目指向	题 号	内 容
生命 （共9题）	生命与生命	直接威胁	自己	1	被校园小霸王欺负
			他人	10	没有盖的井
			动物	22	虐猫事件
	生命与他物	间接危害	逝者	15	汶川地震遗址拍照
			植物	23	使用一次性筷子
			和平	35	世界和平与自身关系
		利益冲突	身体/工作	9	老师带病上课
			生命/财产	34	生命与财产关系
			生命/义勇	20	见义勇为

其中，第1、第10、第22题与生命直接相关，分别从自己和他人的生命安全受到直接威胁、动物生命受到直接残害的角度考察小学生对待生命的态度；第15、第23、第35题与生命间接相关，或者说这三道题表层考察的是小学生对待追求个人娱乐与尊重逝去的生命及其亲人的感受、生活便利与环保、世界和平与儿童责任之间关系的态度，深层考察的依旧是小学生对待生命健康、逝去的生命、植物生命、人类生命的态度；第9、第34、第20题则是通过对他人的身体健康与工作的关系、在特定情况下个人生命与集体财产的关系、在特定情况下个人生命安全与帮助他人的关系，来考察小学生对待生命的态度。

二、小学生对生命受到直接威胁的态度

(一) 小学生对"被校园小霸王欺负"的态度

第1题考察小学生对自己生命受到威胁的态度。在被调查的3113人中,有效样本为2970个,缺失143个,选择情况如表9-2所示。对"如果被校园小霸王欺负,我会"这一问题,84.3%的小学生选择"报告老师,紧急情况下请警察帮忙"(选项D),7.7%的小学生选择"跟他拼命"(选项B),4.2%的小学生选择"找人来教训他"(选项C),3.8%的小学生选择"忍气吞声,按他的要求去做"(选项A)。缺失的143个样本分三种情况:没有进行选择、多选或填入了文字。对"其他"(选项E)进行统计分析发现,小学生填写的主要是"和他讲道理"、"告诉家长"、"躲开他"。

表9-2 小学生对"被校园小霸王欺负"的态度

题 干	选 项	人 数	有效百分比
被校园小霸王欺负	A	112	3.8
	B	229	7.7
	C	125	4.2
	D	2504	84.3
	总计	2970	100.0

(二) 小学生对"没有盖的井"的态度

第10题考察小学生在遇到直接威胁他人生命安全的情况时的态度。在被调查的3113人中,有效样本为3049个,缺失64个,选择情况如表9-3所示。面对"在去往学校的路上发现一个下水井盖没有了"这一情况,78.0%的小学生选择"应该告诉警察叔叔,否则万一有人掉下去怎么办"(选项A);16.9%的小学生选择了"应该提示过往行人注意"(选项B);2.5%的小学生选择"可以不管,会有其他人管"(选项C);2.6%的小学生选择"不用理它,与自己没关系"(选项D)。在缺失的64个样本中,很多小学生

填写了自己解决，或者同时选择既提醒行人又告诉警察。

表 9-3　小学生对"没有盖的井"的态度

题　干	选　项	人　数	有效百分比
没有盖的井	A	2377	78.0
	B	514	16.9
	C	77	2.5
	D	81	2.6
	总计	3049	100.0

（三）小学生对"虐猫事件"的态度

第 22 题考察小学生对动物生命受到残害的态度。在被调查的 3113 人中，有效样本为 3072 个，缺失 41 个，选择情况如表 9-4 所示。对"虐猫事件"，89.3% 的小学生认为"太过分了，小猫也是有生命的啊"（选项 D），7.0% 的小学生选择"有点看不下去了"（选项 C），2.2% 的小学生认为"动物又不是人，不必大惊小怪"（选项 B），1.5% 的小学生选择了这"不能叫'虐猫'，反正自己觉得好就好了"（选项 A）。缺失的 41 个样本主要是由于漏选或多选，从文字内容来看没有明显可归类的叙述①。

表 9-4　小学生对"虐猫事件"的态度

题　干	选　项	人　数	有效百分比
虐猫事件	A	45	1.5
	B	69	2.2
	C	215	7.0
	D	2743	89.3
	总计	3072	100.0

---

① 在后面的各题中，凡是没有对缺失值作出文字说明的，均为"缺失样本主要是由于漏选或多选，从文字内容来看没有明显可归类的叙述"。

三、小学生对间接危害生命的态度

(一) 小学生对"汶川地震遗址拍照"的态度

第15题考察小学生对追求个人娱乐与尊重逝去的生命及其亲人的感受之间发生矛盾时的态度。在被调查的3113人中，有效样本为3060个，缺失53个，选择情况如表9-5所示。对汶川地震一年后有些游人在地震遗址兴奋拍照的行为，54.62%的小学生选择"这样做太过分了，严重伤害了灾区人民的感情"（选项A）；36.92%的小学生选择"不应该这样做，太缺少同情心了"（选项B）；4.83%的小学生选择"只是拍照，对灾区人民没有什么伤害"（选项C）；选择"拍照时这样很正常，与他人无关"（选项D）的小学生仅占3.63%。

表9-5 小学生对"汶川地震遗址拍照"的态度

题 干	选 项	人 数	有效百分比
汶川地震遗址拍照	A	1671	54.62
	B	1130	36.92
	C	148	4.83
	D	111	3.63
	总计	3060	100.0

(二) 小学生对"使用一次性筷子"的态度

第23题考察小学生对使用一次性筷子的态度。在被调查的3113人中，有效样本为3074个，缺失39个，选择情况如表9-6所示。对在餐馆就餐时是选用一次性筷子还是普通筷子的问题，49.7%的小学生认为"应该选用普通筷子"（选项A），20.3%的小学生认为"最好选用普通筷子，但用一次性的也可以"（选项B），5.9%的小学生认为"完全没必要考虑这个问题"（选项C），24.1%的小学生认为"最好选用一次性筷子"（选项D）。

表 9-6 小学生对"使用一次性筷子"的态度

题干	选项	人数	有效百分比
使用一次性筷子	A	1529	49.7
	B	623	20.3
	C	180	5.9
	D	742	24.1
	总计	3074	100.0

(三) 小学生对"世界和平与自身关系"的态度

第 35 题考察小学生对世界和平与自身关系的态度。在被调查的 3113 人中,有效样本为 3030 个,缺失 83 个,选择情况如表 9-7 所示。小学生对"世界和平是大人的事情,小孩不用操心"这一观点,选择"完全不同意"的比例为 56.3%,"大部分不同意"的比例为 17.1%,"基本同意"的比例为 9.7%,"大部分同意"的比例为 8.2%,"完全同意"的比例为 8.7%。

表 9-7 小学生对"世界和平与自身关系"的态度

题干	选项	人数	有效百分比
世界和平是大人的事,小孩不用操心	完全不同意	1706	56.3
	大部分不同意	519	17.1
	基本同意	295	9.7
	大部分同意	247	8.2
	完全同意	263	8.7
	总计	3030	100.0

四、小学生对与生命冲突事件的态度

(一) 小学生对"老师带病上课"的态度

第 9 题考察小学生在他人生命健康与工作发生矛盾时的态度。在被调查的 3113 人中,有效样本为 3077 个,缺失 36 个,选择情况如表 9-8 所示。

对老师带病上课，66.8%的小学生认为很感人、很负责（选项 A），11.0%的小学生认为老师"生病就不要来上班，身体更重要"（选项 B），20.9%的小学生认为老师"生病就不要来上班，把身体养好，可以更好地工作"（选项C），仅有1.3%的小学生认为教师"应该带病坚持工作，老师要是不来，学生怎么办"（选项 D）。

表9-8 小学生对"老师带病上课"的态度

题 干	选 项	人 数	有效百分比
老师带病上课	A	2055	66.8
	B	338	11.0
	C	642	20.9
	D	42	1.3
	总计	3077	100.0

（二）小学生对"个人生命与集体财产之间关系"的态度

第34题考察小学生对在特定情境中个人生命与集体财产之间关系的态度。在被调查的3113人中，有效样本为3049个，缺失64个，选择情况如表9-9所示。对"在灾难发生时，为抢救集体财产不惜牺牲个人生命是值得的"这一观点，小学生选择"完全不同意"的比例为18.4%，"大部分不同意"的比例为7.2%，"基本同意"的比例为10.5%，"大部分同意"的比例为15.5%，"完全同意"的比例为48.2%。

表9-9 小学生对"个人生命与集体财产之间关系"的态度

题 干	选 项	人 数	有效百分比
为抢救集体财产不惜牺牲个人生命是值得的	完全不同意	562	18.4
	大部分不同意	221	7.2
	基本同意	321	10.5
	大部分同意	474	15.5
	完全同意	1471	48.2
	总计	3049	100.0

(三) 小学生对"见义勇为"的态度

第 20 题考察小学生对见义勇为的态度。在被调查的 3113 名小学生中,有效样本为 3086 个,缺失 27 个,选择情况如表 9-10 所示。选择"不应该管,又不是偷他的"(选项 A)的有 46 人,占总体的 1.5%;选择"应该保护好自己,不去管这件事"(选项 B)的有 128 人,占总体的 4.1%;选择"应该冲上去制止小偷"(选项 C)的有 324 人,占总体的 10.5%;选择"悄悄地找周围的大人帮忙"(选项 D)的有 2588 人,占总体的 83.9%。缺失的 27 个样本分两种情况:没有进行选择或者选择"其他"(选项 E),在对"其他"选项的调查中发现,大部分小学生未填写文字,有的小学生写的是"偷东西不对"。

表 9-10 小学生对"见义勇为"的态度

题 干	选 项	人 数	有效百分比
见义勇为	A	46	1.5
	B	128	4.1
	C	324	10.5
	D	2588	83.9
	总计	3086	100.0

第二节 小学生生命道德价值观的影响因素分析

人的生命道德价值观是在生活过程中形成和发展的,受许多后天因素影响。本次调查所使用的问卷涉及九项影响因素,分别是城乡、民族、父母受教育程度、家境、家庭类型(一)、家庭类型(二)、性别、独生子女、年级、是否担任过班级干部。其中,父母受教育程度分为三种情况:双方学历均在大学以下、一方学历在大学及以上、双方学历均在大学及以上。家境也分三种,即贫困、一般、富有。家庭类型(一)分为双亲、单亲、不与父母同住三种情况;家庭类型(二)分为与老人同住和不与老人同住两种情况。经检验发现,除了是否担任过班级干部这一因素外,其他八项因素与小学生生命道德价值观发展状况均有不同方面的关联。

一、小学生对生命受到直接威胁的态度的影响因素

(一) 社会因素

1. 城乡小学生对"被校园小霸王欺负"态度的差异检验

结果显示,城乡小学生对受到小霸王欺负的态度存在显著差异(表9-11)。两者存在较大比率差异的选项是B和D:选择"跟他拼命的"(选项B)的比率,城市小学生(12.56%)高于农村小学生(4.86%);相应地,选择求助成人(选项D)的比率,农村小学生(86.53%)高于城市小学生(80.53%)。可见,相比较而言,城市小学生比农村小学生更倾向于采用暴力对抗性的解决方式。

表9-11 城乡小学生对"被校园小霸王欺负"态度的差异检验

			A	B	C	D	总计	皮尔森卡方检验
被校园小霸王欺负	农村	人数	83	91	78	1619	1871	62.053**
		百分比	4.44	4.86	4.17	86.53	100	
	城市	人数	29	138	47	885	1099	
		百分比	2.64	12.56	4.28	80.53	100	
	总计	人数	112	229	125	2504	2970	
		百分比	3.77	7.71	4.21	84.31	100	

注:** 为0.01水平显著

2. 城乡小学生对"没有盖的井"态度的差异检验

结果显示,城乡小学生对"没有盖的井"的态度存在显著差异(表9-12)。两者存在较大比率差异的选项是C和D。选择"会有其他人管"(选项C)和"与自己没关系"(选项D)的比率之和,农村小学生(6.40%)略高于

城市小学生（3.87%）。可见，对他人生命进行保护方面，城市小学生比农村小学生更倾向于选择对他人生命负责的做法。

表9-12　城乡小学生对"没有盖的井"态度的差异检验

			A	B	C	D	总计	皮尔森卡方检验
没有盖的井	农村	人数	1524	298	51	47	1920	10.719**
		百分比	76.55	17.04	3.10	3.30	100	
	城市	人数	853	216	26	34	1129	
		百分比	79.53	16.60	1.90	1.97	100	
	总计	人数	2377	514	77	81	3049	
		百分比	78.04	16.82	2.50	2.63	100	

注：** 为0.01水平显著

3. 城乡小学生对"虐猫事件"态度的差异检验

结果显示，城乡小学生对"虐猫事件"的态度存在显著差异（表9-13）。两者存在较大比率差异的选项是B和C。选择"动物又不是人，不必大惊小怪"（选项B）的比率，农村小学生（2.84%）高于城市小学生（1.23%）；选择"有点看不下去了"（选项C）的比率，城市小学生（8.01%）高于农村小学生（6.40%）。可见，城市小学生比农村小学生更倾向于对受虐小动物表示同情。

表9-13　城乡小学生对"虐猫事件"态度的差异检验

			A	B	C	D	总计	皮尔森卡方检验
虐猫事件	农村	人数	33	55	124	1724	33	12.971*
		百分比	1.70	2.84	6.40	89.05	100	
	城市	人数	12	14	91	12	14	
		百分比	1.06	1.23	8.01	89.70	100	
	总计	人数	45	69	215	2743	3072	
		百分比	1.46	2.25	6.99	89.29	100	

注:*为0.05水平显著

4. 不同民族的小学生对"虐猫事件"态度的差异检验

经检验,民族因素对小学生生命道德价值观的影响仅体现在小学生对"虐猫事件"的态度方面。少数民族与汉族小学生对"虐猫事件"的态度存在显著差异(表9-14)。认为"虐猫事件""太过分了"(选项D)的汉族小学生比率(89.72%)高于少数民族小学生(83.24%);认为"有点看不下去了"(选项C)的少数民族小学生比率(12.72%)高于汉族小学生(6.70%)。可见,更多的汉族小学生倾向于认为"虐猫事件""太过分了",更多的少数民族小学生倾向于"有点看不下去了"。

表9-14 不同民族小学生对"虐猫事件"态度的差异检验

			A	B	C	D	总计	皮尔森卡方检验
虐猫事件	汉族	人数	43	59	191	2558	2851	
		百分比	1.51	2.07	6.70	89.72	100	
	少数民族	人数	2	5	22	144	173	9.807*
		百分比	1.16	2.89	12.72	83.24	100	
	总计	人数	45	64	213	2702	3024	
		百分比	1.49	2.16	7.04	89.35	100	

注:*为0.05水平显著

(二) 家庭因素

1. 父母受教育程度不同的小学生对"被校园小霸王欺负"态度的差异检验

父母受教育程度不同的小学生对"被校园小霸王欺负"的态度存在显著差异(表9-15),两者选择比率差异较大的选项是B和D。选择"跟他拼命"(选项B)的比率,父母双方学历均为大学及以上的小学生最高(12.45%),其次是父母一方学历在大学及以上的小学生(10.97%),父母双方学历均为大学以下的小学生则最低(5.75%),而三者选择"报告老师,紧急情况下请警察帮忙"(选项D)的比率顺序正好相反。可见,父母学历较高的小学生选择暴力对抗性解决方式的比率相对高一些。

表 9-15　父母受教育程度不同的小学生对"被校园小霸王欺负"态度的差异检验

			A	B	C	D	总计	皮尔森卡方检验
被校园小霸王欺负	父母双方学历在大学以下	人数	84	115	84	1717	2000	38.659**
		百分比	4.20	5.75	4.20	85.85	100	
	父母一方学历在大学及以上	人数	12	34	9	255	310	
		百分比	3.87	10.97	2.90	82.26	100	
	父母双方学历在大学及以上	人数	11	66	26	427	530	
		百分比	2.08	12.45	4.91	80.57	100	
	总计	人数	107	215	119	2399	2840	
		百分比	3.77	7.57	4.19	84.47	100	

注：** 为 0.01 水平显著

2. 父母受教育程度不同的小学生对"没有盖的井"态度的差异检验

父母受教育程度不同的小学生对"没有盖的井"的态度存在显著差异（表 9-16），两者选择比率差异较大的选项是 A 和 B。选择"告诉警察叔叔"（选项 A）的比率，父母双方学历均在大学以下的小学生高于其他两类小学生；选择"应该提示过往行人注意"（选项 B）的比率，父母双方学历均在大学以下的小学生低于其他两类小学生，但两种选项比率之和三者差异不大。

表 9-16　父母受教育程度不同的小学生对"没有盖的井"态度的差异检验

			A	B	C	D	总计	皮尔森卡方检验
没有盖的井	父母双方学历在大学以下	人数	1628	319	54	45	2046	38.659**
		百分比	79.57	15.59	2.64	2.20	100	
	父母一方学历在大学及以上	人数	243	61	4	12	320	
		百分比	75.94	19.06	1.25	3.75	100	
	父母双方学历在大学及以上	人数	404	108	16	21	549	
		百分比	73.59	19.67	2.91	3.83	100	
	总计	人数	2275	488	74	78	2915	
		百分比	78.04	16.74	2.54	2.68	100	

注：** 为 0.01 水平显著

3. 父母受教育程度不同的小学生对"虐猫事件"态度的差异检验

父母受教育程度不同的小学生对"虐猫事件"的态度存在显著差异（表9-17）。父母双方学历均在大学以下的小学生，选择"自己觉得好就好了"（选项A）和"不必大惊小怪"（选项B）的比率最高（两项之和为4.42%），选择"有点看不下去了"（选项C）和"太过分了"（选项D）的比率最低，而父母一方或双方学历在大学及以上的小学生选择比率接近。可见，父母受教育程度影响小学生的生命道德价值判断，父母受教育程度高的小学生比父母受教育程度低的小学生更倾向于谴责虐猫行为，对小动物表示同情。

表9-17 父母受教育程度不同的小学生对"虐猫事件"态度的差异检验

			A	B	C	D	总计	皮尔森卡方检验
虐猫事件	父母双方学历在大学以下	人数	34	57	121	1847	2059	
		百分比	1.65	2.77	5.88	89.70	100	
	父母一方学历在大学及以上	人数	3	2	22	295	322	
		百分比	0.93	0.62	6.83	91.61	100	25.039**
	父母双方学历在大学及以上	人数	5	6	57	484	552	
		百分比	0.91	1.09	10.33	87.65	100	
总计		人数	42	65	200	2626	2933	
		百分比	1.43	2.22	6.82	89.53	100	

注：** 为0.01水平显著

4. 不同家境的小学生对"见义勇为"态度的差异检验

经检验，家境因素仅影响小学生对"被校园小霸王欺负"的态度（表9-18）。选择"跟他拼命"（选项B）和"找人来教训他"（选项C）的比率，富有家庭的小学生（分别为18.09%和11.70%）高于一般家庭的小学生（分别为7.31%和3.61%）和贫困家庭的小学生（分别为7.21%和4.60%），后两者的选择比率接近；选择"忍气吞声"（选项A）的比率，贫困家庭的小学生（7.95%）高于一般家庭的小学生（3.40%）和富有家庭的小学生（4.26%），后两者的选择比率接近。选择"报告老师"（选项D）的比率，一般家庭的小学生最高（85.68%），其次是贫困家庭的小学生（80.33%），最低是富有家庭的小学生（65.96%）。可见，在受到校园小霸王欺负时，相对而言，家境富有的小学生更倾向于选择暴力对抗性的解决方式，家境贫困的小学生更倾向于选择忍气吞声的解决方式。

表9-18 不同家境的小学生对"被校园小霸王欺负"态度的差异检验

			A	B	C	D	总计	皮尔森卡方检验
被校园小霸王欺负	贫困	人数	19	17	11	192	2000	45.453**
		百分比	7.95	7.21	4.60	80.33	100	
	一般	人数	174	86	2041	2382	310	
		百分比	3.40	7.31	3.61	85.68	100	
	富有	人数	4	17	11	62	94	
		百分比	4.26	18.09	11.70	65.96	100	
	总计	人数	104	208	108	2295	2715	
		百分比	3.83	7.61	4.00	84.53	100	

注：**为0.01水平显著

5. 不同家庭类型（一）的小学生对"被校园小霸王欺负"态度的差异检验

不同家庭类型（一）的小学生对受到校园小霸王欺负的态度存在显著差异（表9-19）。单亲家庭的小学生相比于双亲家庭和不与父母同住的小学生，选择"报告老师和警察"（选项D）的比率最低（80.23%），而选择暴力方式对抗（选项B和C）的比率最高（总和为15.54%），其次是双亲家庭的小学生（前者为84.85%，后两者之和为11.67%），不与父母同住的小学生选择"报告老师和警察"（选项D）的比率最高（87.13%），选择暴力对抗方式（选项B和C）的比率最低（总和为8.57%）。可见，当受到校园小霸王欺负时，单亲家庭的小学生更倾向于选择暴力对抗性的解决方式。

表9-19 不同家庭类型（一）的小学生对"被校园小霸王欺负"态度的差异比较

			A	B	C	D	总计	皮尔森卡方检验
被校园小霸王欺负	双亲家庭	人数	75	171	80	1826	2152	
		百分比	3.49	7.95	3.72	84.85	100	
	单亲家庭	人数	15	27	28	284	354	
		百分比	4.24	7.63	7.91	80.23	100	45.453**
	不与父母同住	人数	16	24	8	325	373	
		百分比	4.29	6.43	2.14	87.13	100	
	总计	人数	106	222	116	2435	2879	
		百分比	3.68	7.71	4.03	84.58	100	

注：** 为0.01水平显著

6. 不同家庭类型（一）的小学生对"没有盖的井"态度的差异检验

结果显示，不同家庭类型的小学生对"没有盖的井"的态度存在显著差异（表9-20）。单亲家庭的小学生与其他类型家庭的小学生相比，选择"应该告诉警察叔叔"（选项A）或"应该提示过往行人注意"（选项B）的比率最低（总和为91.83%），选择"可以不管"（选项C）或"与自己没关系"（选项D）的比率最高（总和为8.76%），其他两种类型家庭的小学生选择比率接近。可见，对可能危害他人生命安全的现象，单亲家庭的小学生比双亲家庭和不与父母同住的小学生更倾向于采取消极的态度。

表9-20 不同家庭类型（一）的小学生对"没有盖的井"态度的差异检验

			A	B	C	D	总计	皮尔森卡方检验
没有盖的井	双亲家庭	人数	1724	379	47	58	2208	
		百分比	78.08	17.16	2.13	2.63	100	
	单亲家庭	人数	278	55	16	16	365	
		百分比	76.16	15.67	4.38	4.38	100	17.492**
	不与父母同住	人数	297	67	10	4	378	
		百分比	78.57	17.22	2.65	1.06	100	
	总计	人数	2299	501	73	78	2951	
		百分比	77.91	16.98	2.47	2.64	100	

注：** 为0.01水平显著

7. 不同家庭类型（一）的小学生对"虐猫事件"态度的差异检验

结果显示，不同家庭类型（一）的小学生对"虐猫事件"的态度存在显著差异（表9-21）。约96%的小学生都倾向于对虐猫行为持否定态度（选项C和D）。其中，选择对"虐猫事件""有点看不下去了"（选项C）的比率之和，单亲家庭的小学生高于其他两类家庭的小学生；选择"自己觉得好就好了"（选项A）和"不必大惊小怪"（选项B）的比率之和，单亲家庭的小学生最低（2.70%）。可见，单亲家庭的小学生对受虐的小动物表现出更为强烈的同情。

表9-21 不同家庭类型（一）的小学生对"虐猫事件"态度的差异检验

			A	B	C	D	总计	皮尔森卡方检验
虐猫事件	双亲家庭	人数	28	53	151	1993	2225	25.039**
		百分比	1.26	2.38	6.79	89.57	100	
	单亲家庭	人数	3	7	40	321	371	
		百分比	0.81	1.89	10.78	86.52	100	
	不与父母同住	人数	9	6	18	346	379	
		百分比	2.37	1.58	4.75	91.29	100	
	总计	人数	40	66	209	2660	2975	
		百分比	1.34	2.22	7.03	89.41	100	

注：** 为0.01水平显著

8. 不同家庭类型（二）的小学生对"被校园小霸王欺负"态度的差异检验

经检验，家庭类型（二）仅影响小学生在自己生命受到威胁时的态度选择，即对"被校园小霸王欺负"的态度存在显著差异（表9-22）。选择"跟他拼命"（选项B）的比率，不与老人同住的小学生（8.82%）高于与老人同住的小学生（5.85%）。相应地，选择"报告老师，紧急情况下请警察帮忙"（选项D）的比率，与老人同住的小学生（86.17%）高于不与老人同住的小学生（83.57%）。可见，与老人同住的小学生更倾向于选择求助成人的方式来保护自身安全。

表 9-22　不同家庭类型（二）的小学生对"被校园小霸王欺负"态度的差异检验

			A	B	C	D	总计	皮尔森卡方检验
被校园小霸王欺负	与老人同住	人数	46	63	40	928	1077	10.115**
		百分比	4.27	5.85	3.71	86.17	100	
	不与老人同住	人数	61	159	76	1506	1802	
		百分比	3.39	8.82	4.22	83.57	100	
	总计	人数	107	222	116	2434	2879	
		百分比	3.72	7.71	4.03	84.54	100	

注：** 为 0.01 水平显著

（三）个人因素

1. 独生子女与非独生子女小学生对"被校园小霸王欺负"态度的差异检验

结果显示，是否独生子女小学生在对"被校园小霸王欺负"的态度上存在显著差异（表 9-23）。两者存在较大比率差异的选项是 B 和 D。选择"跟他拼命"（选项 B）的比率，独生子女小学生（9.73%）高于非独生子女小学生（5.26%）。相应地，选择"报告老师找警察"（选项 D）的比率，非独生子女小学生（87.51%）高于独生子女小学生（82.23%）。可见，在对自己生命进行保护时，独生子女小学生较非独生子女小学生更倾向于选择暴力对抗性的方式。

表 9-23　独生子女与非独生子女小学生对"被校园小霸王欺负"态度的差异检验

			A	B	C	D	总计	皮尔森卡方检验
被校园小霸王欺负	独生子女	人数	56	145	64	1226	1491	21.245**
		百分比	3.76	9.73	4.29	82.23	100	
	非独生子女	人数	46	69	49	1149	1313	
		百分比	3.50	5.26	3.73	87.51	100	
	总计	人数	102	214	113	2375	2804	
		百分比	3.64	7.63	4.03	84.70	100	

注：** 为 0.01 水平显著

2. 独生子女与非独生子女小学生对"没有盖的井"态度的差异检验

结果显示,独生子女与非独生子女小学生对"没有盖的井"的态度存在显著差异(表9-24)。两者存在较大比率差异的选项是A和B。选择"应该告诉警察叔叔"(选项A)的比率,独生子女小学生(75.71%)低于非独生子女小学生(80.43%);选择"应该提示过往行人注意"(选项B)的比率,独生子女小学生(19.16%)高于非独生子女小学生(14.41%);两种选项比率之和二者差异不大(独生子女小学生:94.87%;非独生子女小学生:94.84%)。可见,独生子女与非独生子女小学生在对可能危害他人生命安全的现象采取积极预防行动的态度上没有差异,二者的差异在于所选择的方法,非独生子女更倾向于选择告诉警察,独生子女则更倾向于选择提示过往行人注意。

表9-24 独生子女与非独生子女对"没有盖的井"态度的差异检验

			A	B	C	D	总计	皮尔森卡方检验
没有盖的井	独生子女	人数	1166	295	35	44	1540	
		百分比	75.71	19.16	2.27	2.86	100	
	非独生子女	人数	1077	193	38	31	1339	13.259**
		百分比	80.43	14.41	2.84	2.32	100	
	总计	人数	2243	488	73	75	2879	
		百分比	77.90	17.00	2.54	2.61	100	

注:** 为0.01水平显著

3. 不同性别的小学生对"被校园小霸王欺负"态度的差异检验

结果显示,男生和女生对被校园小霸王欺负的态度存在显著差异(表9-25)。两者存在较大比率差异的选项是B、C和D。选择"报告老师找警察"(选项D)的比率,女生(89.95%)高于男生(78.77%)。相应地,选择"跟他拼命"(选项B)和"找人来教训他"(选项C)的比率之和,男生(17.24%)高于女生(6.55%)。可见,当自己生命受到威胁时,男生较之女生更倾向于选择暴力对抗性的方式来自我保护。

表9-25 不同性别的小学生对"被校园小霸王欺负"态度的差异检验

			A	B	C	D	总计	皮尔森卡方检验
被校园小霸王欺负	男	人数	59	167	88	1165	1479	82.824**
		百分比	3.99	11.29	5.95	78.77	100	
	女	人数	52	61	36	1333	1482	
		百分比	3.51	4.12	2.43	89.95	100	
	总计	人数	111	228	124	2498	2961	
		百分比	1.64	7.70	4.19	84.36	100	

注:** 为0.01水平显著

4. 不同性别的小学生对"没有盖的井"态度的差异检验

结果显示,不同性别的小学生对"没有盖的井"的态度存在显著差异(表9-26)。选择"应该告诉警察叔叔"(选项A)和"应该提示过往行人注意"(选项B)的比率之和,女生(96.13%)高于男生(93.59%);反之,选择"会有其他人管"(选项C)和"与自己没关系"(选项D)的比率之和,女生(3.87%)低于男生(6.40%)。可见,女生比男生更倾向于选择对他人生命安全负责。

表9-26 不同性别的小学生对"没有盖的井"态度的差异检验

			A	B	C	D	总计	皮尔森卡方检验
没有盖的井	男	人数	1159	258	47	50	1514	10.719**
		百分比	76.55	17.04	3.10	3.30	100	
	女	人数	1212	253	29	30	1524	
		百分比	79.53	16.60	1.90	1.97	100	
	总计	人数	2371	511	76	80	3038	
		百分比	78.04	16.82	2.50	2.63	100	

注:** 为0.01水平显著

5. 不同性别的小学生对"虐猫事件"态度的差异检验

结果显示,男生与女生对"虐猫事件"的态度存在显著差异(表9-27)。

选择"自己觉得好就好了"(选项 A)和"不必大惊小怪"(选项 B)的比率之和,男生(4.48%)高出女生(2.92%)1.56 个百分点;选择"太过分了,小猫也是有生命的"(选项 D)的比率,女生(92.93%)比男生(85.66%)高出 7.27 个百分点。可见,女生比男生更倾向于对"虐猫事件"进行谴责。

表 9-27　不同性别的小学生对"虐猫事件"态度的差异检验

			A	B	C	D	总计	皮尔森卡方检验
虐猫事件	男	人数	29	39	150	1302	1520	45.906**
		百分比	1.91	2.57	9.87	85.66	100	
	女	人数	16	29	64	1433	1542	
		百分比	1.04	1.88	4.15	92.93	100	
	总计	人数	45	68	214	2735	3062	
		百分比	1.47	2.22	6.98	89.32	100	

注:** 为 0.01 水平显著

二、小学生对间接危害生命的态度的影响因素

(一) 社会因素

1. 城乡小学生对"汶川地震遗址拍照"态度的差异检验

结果显示,城乡小学生对在汶川地震遗址兴奋拍照行为的态度存在显著差异(表 9-28)。选择"严重伤害了灾区人民的感情"(选项 A)的比率,城市小学生(59.26%)高于农村小学生(51.87%)。相应地,选择"只是拍照"(选项 C)和"与他人无关"(选项 D)的比率之和,农村小学生(10.23%)高于城市小学生(5.46%)。可见,城市小学生比农村小学生更倾向于理解、同情失去亲人的灾区人民的感受。

表9-28 城乡小学生对"汶川地震遗址拍照"态度的差异检验

			A	B	C	D	总计	皮尔森卡方检验
汶川地震遗址拍照	农村	人数	999	730	112	85	1926	10.719**
		百分比	51.87	37.90	5.82	4.41	100	
	城市	人数	672	400	36	26	1134	
		百分比	59.26	35.27	3.17	2.29	100	
	总计	人数	1671	1130	148	111	3060	
		百分比	55.57	36.58	4.49	3.36	100	

注：** 为0.01水平显著

2. 城乡小学生对"使用一次性筷子"态度的差异检验

结果显示，城乡小学生对使用一次性筷子还是普通筷子的选择存在显著差异（表9-29）。选择"应该选用普通筷子"（选项A）的比率，城市小学生（60.45%）高于农村小学生（43.35%），而选择"最好选用一次性筷子"（选项D）的比率，农村小学生（27.62%）高于城市小学生（18.29%）。可见，城市小学生比农村小学生更倾向于使用普通筷子。

表9-29 城乡小学生对"使用一次性筷子"态度的差异检验

			A	B	C	D	总计	皮尔森卡方检验
使用一次性筷子	农村	人数	835	430	129	532	1926	85.254**
		百分比	43.35	22.33	6.70	27.62	100	
	城市	人数	694	193	51	210	1148	
		百分比	60.45	16.81	4.44	18.29	100	
	总计	人数	1529	623	180	742	3074	
		百分比	49.74	20.27	5.86	24.14	100	

注：** 为0.01水平显著

3. 城乡小学生对"世界和平与自身关系"态度的差异检验

结果显示，不同地区的小学生对"世界和平是大人的事，小孩不用操心"这一观点的态度存在显著差异（表9-30）。选择"完全不同意"和"大部分不同意"的城市小学生比率之和（77.72%）高于农村小学生（70.85%）。可见，城市小学生更倾向于认为世界和平与自己有关。

表9-30 城乡小学生对"世界和平与自身关系"态度的差异检验

			完全不同意	大部分不同意	基本同意	大部分同意	完全同意	总计	皮尔森卡方检验
世界和平与自身关系	农村	人数	1040	299	195	176	180	1890	
		百分比	55.03	15.82	10.32	9.31	9.52	100	
	城市	人数	666	220	100	71	83	1140	20.641**
		百分比	58.42	19.30	8.77	6.23	7.28	100	
	总计	人数	1700	517	294	247	262	3020	
		百分比	56.29	17.12	9.74	8.18	8.67	100	

注：** 为 0.01 水平显著

（二）家庭因素

1. 父母受教育程度不同的小学生对"使用一次性筷子"态度的差异检验

结果显示，父母受教育程度不同的小学生对使用一次性筷子的态度存在显著差异（表9-31）。选择"应该选用普通筷子"（选项A）的小学生比率，父母双方学历均在大学及以上的小学生最高（62.79%），其次是父母一方学历在大学及以上的小学生（51.39%），父母双方学历均为大学以下的小学生最低（46.33%）。而选择"最好选用一次性筷子"（选项D）的情况正好相反。可见，父母学历高的小学生更倾向于选择使用普通筷子。

表9-31 父母受教育程度不同的小学生对"使用一次性筷子"态度的差异检验

			A	B	C	D	总计	皮尔森卡方检验
使用一次性筷子	父母双方学历在大学以下	人数	943	421	116	559	2039	
		百分比	46.33	20.54	5.84	27.30	100	60.734**
	父母一方学历在大学及以上	人数	164	72	22	61	319	
		百分比	51.39	22.60	7.12	18.89	100	

续表

			A	B	C	D	总计	皮尔森卡方检验
使用一次性筷子	父母双方学历在大学及以上	人数	345	98	21	84	548	60.734**
		百分比	62.79	17.53	4.29	15.38	100	
	总计	人数	1452	591	159	704	2906	
		百分比	50.00	20.33	5.47	24.23	100	

注：** 为 0.01 水平显著

2. 父母受教育程度不同的小学生对"世界和平与自身关系"态度的差异检验

结果显示，父母受教育程度不同的小学生对"世界和平是大人的事，小孩不用操心"这一观点的态度存在显著差异（表 9-32）。选择"完全不同意"和"大部分不同意"的比率之和，父母双方学历均为大学及以上的小学生最高（79.36%），其次为父母一方学历在大学及以上的小学生（74.23%），父母双方学历均在大学以下的小学生最低（72.10%）。可见，随着父母学历水平的升高，小学生认为世界和平与自己有关的比例也相应升高。

表 9-32 父母受教育程度不同的小学生对"世界和平与自身关系"态度的差异检验

			完全不同意	大部分不同意	基本同意	大部分同意	完全同意	总计	皮尔森卡方检验
世界和平与自身关系	父母双方学历在大学以下	人数	1132	326	201	178	185	2022	15.710*
		百分比	55.98	16.12	9.94	8.80	9.15	100	
	父母一方学历在大学及以上	人数	179	56	30	26	26	317	
		百分比	56.47	17.76	9.46	8.11	8.20	100	
	父母双方学历在大学及以上	人数	329	113	47	29	39	557	
		百分比	59.07	20.29	8.44	5.20	7.00	100	
	总计	人数	1640	495	278	233	250	2896	
		百分比	54.13	16.34	9.17	7.67	8.25	100	

注：* 为 0.05 水平显著

3. 不同家境的小学生对"汶川地震遗址拍照"态度的差异检验

不同家境的小学生对"汶川地震遗址拍照"的态度存在显著差异（表9-33）。选项A和B是对拍照行为持否定态度，选项C和D是对拍照持可接受态度。选择持否定态度的选项的比率之和，一般家庭的小学生（92.29%）和富有家庭的小学生（94.95%）高于贫困家庭的小学生（86.70%）；反之，选择持可接受态度的选项的比率，贫困家庭的小学生高于其他两种家境的小学生。可见，贫困家庭的小学生较之其他两种家境的小学生，对于逝去的生命及其亲人感受的同情与尊重意识较弱。

表9-33 不同家境的小学生对"汶川地震遗址拍照"态度的差异检验

			A	B	C	D	总计	皮尔森卡方检验
汶川地震遗址拍照	贫困	人数	111	104	17	16	248	17.492**
		百分比	44.76	41.94	6.85	6.45	100	
	一般	人数	1363	901	109	80	2453	
		百分比	55.56	36.73	4.44	3.26	100	
	富有	人数	57	37	2	3	99	
		百分比	57.58	37.37	2.02	3.03	100	
	总计	人数	1531	1042	128	99	2800	
		百分比	54.68	37.21	4.57	3.53	100	

注：** 为0.01水平显著

4. 不同家境的小学生对"使用一次性筷子"态度的差异检验

不同家境的小学生对使用一次性筷子的态度存在显著差异（表9-34）。选择"应该选用普通筷子"（选项A）的比率，富有家庭的小学生最高（51.49%），一般家庭的小学生次之（49.65%）、贫困家庭的小学生最低（42.74%）；选择"最好选用一次性筷子"（选项D）的比率，贫困家庭的小学生最高（29.44%），其次是富有家庭的小学生（25.74%），一般家庭的小学生最低（23.95%）。可见，随着家庭富裕程度的升高，选择使用普通筷子的小学生比率也随之增大。

表9-34 不同家境的小学生对"使用一次性筷子"态度的差异检验

			A	B	C	D	总计	皮尔森卡方检验
使用一次性筷子	贫困	人数	105	45	24	73	247	16.757**
		百分比	42.74	18.15	9.68	29.44	100	
	一般	人数	1206	519	119	587	2431	
		百分比	49.65	21.19	5.21	23.95	100	
	富有	人数	52	17	6	25	100	
		百分比	51.49	16.83	5.94	25.74	100	
	总计	人数	1363	581	149	685	2778	
		百分比	49.06	20.91	5.36	24.65	100	

注：*为0.01水平显著

5. 不同家境的小学生对"世界和平与自身关系"态度的差异检验

结果显示，不同家境的小学生对世界和平与自身关系的态度存在显著差异（表9-35）。对于"世界和平是大人的事，小孩不用操心"这一说法，选择"完全不同意"和"大部分不同意"的比率之和，家境一般的小学生最高（74.40%），家境贫困的小学生居中（70.83%），家境富有的小学生最低（66.66%）。可见，家境一般的小学生对世界和平与自身关系的意识高于贫困家境和富有家境的小学生。

表9-35 不同家境的小学生对"世界和平与自身关系"态度的差异检验

			完全不同意	大部分不同意	基本同意	大部分同意	完全同意	总计	皮尔森卡方检验
世界和平与自身关系	贫困	人数	143	27	21	18	31	240	18.253*
		百分比	59.58	11.25	8.75	7.50	12.92	100	
	一般	人数	1386	425	242	186	195	2434	
		百分比	56.94	17.46	9.94	7.65	8.01	100	
	富有	人数	49	17	9	14	10	99	
		百分比	49.49	17.17	9.09	14.14	10.10	100	
	总计	人数	1578	469	272	218	236	2773	
		百分比	52.08	15.48	8.78	7.19	7.79	100	

注：*为0.05水平显著

6. 不同家庭类型（一）的小学生对"汶川地震遗址拍照"态度的差异检验

不同家庭类型的小学生对"汶川地震遗址拍照"行为的态度存在显著差异（表9-36）。单亲家庭的小学生与其他两种类型家庭的小学生相比，选择"严重伤害了灾区人民的感情"（选项A）的比率最低（48.90%），相应地，选择"没有什么伤害"（选项C）和"与他人无关"（选项D）的比率之和最高（14.29%）。可见，单亲家庭的小学生较之其他两种类型家庭的小学生，对逝去的生命及其亲人感受的同情与尊重意识比较弱。

表9-36 不同家庭类型的小学生对"汶川地震遗址拍照"态度的差异检验

			A	B	C	D	总计	皮尔森卡方检验
汶川地震遗址拍照	双亲家庭	人数	1237	817	94	67	2215	
		百分比	55.85	36.88	4.24	3.02	100	
	单亲家庭	人数	178	134	31	21	364	
		百分比	48.90	36.81	8.52	5.77	100	17.492**
	不与父母同住	人数	207	138	18	20	383	
		百分比	54.05	36.03	4.70	5.22	100	
	总计	人数	1622	1089	143	108	2962	
		百分比	54.76	36.77	4.83	3.65	100	

注：** 为0.01水平显著

7. 不同家庭类型（一）的小学生对"使用一次性筷子"态度的差异检验

不同家庭类型（一）的小学生对使用一次性筷子的态度存在显著差异（表9-37）。选择"应该选用普通筷子"（选项A）的比率，双亲家庭的小学生最高（52.04%），其次为单亲家庭的小学生（46.77%），不与父母同住的小学生最低（39.52%）；选择"最好选用一次性筷子"（选项D）的情况正好相反。可见，双亲家庭的小学生更倾向于使用普通筷子。

表 9-37　不同家庭类型（一）的小学生对"使用一次性筷子"态度的差异检验

			A	B	C	D	总计	皮尔森卡方检验
使用一次性筷子	双亲家庭	人数	1159	438	115	515	2227	
		百分比	52.04	19.67	5.16	23.12	100	
	单亲家庭	人数	174	77	24	97	372	
		百分比	46.77	20.70	6.45	26.08	100	25.652**
	不与父母同住	人数	149	89	34	105	377	
		百分比	39.52	23.61	9.02	27.85	100	
	总计	人数	1482	604	173	717	2976	
		百分比	49.80	20.30	5.81	24.10	100	

注：** 为 0.01 水平显著

8. 不同家庭类型（二）的小学生对"世界和平与自身关系"态度的差异检验

经检验，家庭类型（二）仅影响小学生对世界和平与自身关系的态度，而在小学生对逝去的人及其亲人的感受的态度、对是否使用一次性筷子的态度等方面没有影响。

不同家庭类型（二）的小学生对世界和平与自身关系的态度存在显著差异（表 9-38）。对于"世界和平是大人的事，小孩不用操心"这一说法，选择"完全不同意"和"大部分不同意"的比率之和，与老人同住的小学生（75.30%）高于不与老人同住的小学生（72.85%）。选择"完全同意"的情况正好相反。可见，与老人同住的小学生更倾向于认为世界和平与自己有关。

表 9-38　不同家庭类型（二）的小学生对"世界和平与自身关系"态度的差异检验

			完全不同意	大部分不同意	基本同意	大部分同意	完全同意	总计	皮尔森卡方检验
世界和平与自身关系	与老人同住	人数	657	169	102	87	82	1097	
		百分比	59.89	15.41	9.30	7.93	7.47	100	
	不与老人同住	人数	1001	338	183	144	172	1838	10.255*
		百分比	54.46	18.39	9.96	7.83	9.36	100	
	总计	人数	1658	507	285	231	254	2935	
		百分比	54.72	16.74	9.41	7.62	8.38	100	

注：* 为 0.05 水平显著

(三) 个人因素

1. 独生子女与非独生子女小学生对"汶川地震遗址拍照"态度的差异检验

结果显示,独生子女与非独生子女对"汶川地震遗址拍照"的态度存在显著差异(表9-39)。选择"严重伤害了灾区人民的感情"(选项A)的比率,独生子女小学生(56.57%)高于非独生子女小学生(52.79%)。相应地,选择"对灾区人民没有什么伤害"(选项C)的比率,非独生子女小学生(5.81%)高于独生子女小学生(3.56%)。可见,身为独生子女的小学生更倾向于对逝去的生命及其亲人的感受表示尊重和同情。

表9-39 独生子女与非独生子女小学生对"汶川地震遗址拍照"态度的差异检验

			A	B	C	D	总计	皮尔森卡方检验
汶川地震遗址拍照	独生子女	人数	874	568	55	48	1545	10.719**
		百分比	56.57	36.76	3.56	3.11	100	
	非独生子女	人数	709	506	78	50	1343	
		百分比	52.79	37.68	5.81	3.72	100	
	总计	人数	1583	1074	133	98	2888	
		百分比	54.81	37.19	4.61	3.39	100	

注:** 为0.01水平显著

2. 独生子女与非独生子女小学生对"使用一次性筷子"态度的差异检验

独生子女与非独生子女对使用一次性筷子的态度存在显著差异(表9-40)。其中,选择"应该选用普通筷子"(选项A)的比率,独生子女(57.21%)高于非独生子女(41.84%)。相应地,选择"最好选用一次性筷子"(选项D)的比率,非独生子女(30.86%)高于独生子女(18.34%)。可见,独生子女小学生比非独生子女小学生更倾向于使用普通筷子。

表9-40 独生子女与非独生子女小学生对"使用一次性筷子"态度的差异检验

			A	B	C	D	总计	皮尔森卡方检验
使用一次性筷子	独生子女	人数	878	293	76	282	1529	85.416**
		百分比	57.21	18.98	5.47	18.34	100	
	非独生子女	人数	558	283	85	415	1341	
		百分比	41.84	20.99	6.31	30.86	100	
	总计	人数	1436	576	161	697	2870	
		百分比	50.03	20.00	5.61	23.03	100	

注：** 为0.01水平显著

3. 独生子女与非独生子女小学生对"世界和平与自身关系"态度的差异检验

独生子女与非独生子女小学生对"世界和平是大人的事，小孩不用操心"这一观点的态度存在显著差异（表9-41）。两者存在较大比率差异的选项是"大部分不同意"和"大部分同意"。选择"大部分不同意"的独生子女小学生比率（19.11%）高于非独生子女小学生（14.62%）。相应地，选择"大部分同意"的非独生子女小学生比率（9.70%）高于独生子女小学生（6.74%）。可见，独生子女小学生比非独生子女小学生更倾向于认为世界和平与自己有关。

表9-41 独生子女与非独生子女小学生对"世界和平与自身关系"态度的差异检验

			完全不同意	大部分不同意	基本同意	大部分同意	完全同意	总计	皮尔森卡方检验
世界和平与自身关系	独生子女	人数	873	295	141	104	131	1544	17.401**
		百分比	56.54	19.11	9.13	6.74	8.48	100	
	非独生子女	人数	747	193	138	128	114	1320	
		百分比	56.59	14.62	10.45	9.70	6.64	100	
	总计	人数	1620	488	279	232	245	2864	
		百分比	53.47	16.11	9.7	7.66	8.09	100	

注：** 为0.01水平显著

4. 不同性别的小学生对"使用一次性筷子"态度的差异检验

结果显示,男生和女生在对"一次性筷子和普通筷子"的选择上存在显著差异(表9-42)。男生选择"应该选用普通筷子"(选项A)的比率(52.40%)高于女生(47.22%),女生选择"最好选用一次性筷子"(选项D)的比率(26.23%)高于男生(21.99%)。可见,男生比女生更倾向于使用普通筷子。

表9-42 不同性别的小学生对"使用一次性筷子"态度的差异检验

			A	B	C	D	总计	皮尔森卡方检验
使用一次性筷子	男	人数	789	287	95	332	1503	
		百分比	52.40	18.96	6.65	21.99	100	
	女	人数	718	332	74	403	1527	15.895**
		百分比	47.22	21.57	4.99	26.23	100	
	总计	人数	1507	619	169	735	3030	
		百分比	49.74	20.43	5.58	24.26	100	

注:** 为0.01水平显著

5. 不同性别的小学生对"世界和平与自身关系"态度的差异检验

结果显示,不同性别的小学生对"世界和平是大人的事,小孩不用操心"这一观点的态度存在显著差异(表9-43)。选择"完全不同意"和"大部分不同意"的女生的比率之和(75.98%)高于男生(70.80%)。可见,女生比男生更倾向于认为世界和平与自己有关。

表9-43 不同性别的小学生对"世界和平与自身关系"态度的差异检验

			完全不同意	大部分不同意	基本同意	大部分同意	完全同意	总计	皮尔森卡方检验
世界和平与自身关系	男	人数	815	247	139	145	154	1500	
		百分比	54.33	16.47	9.27	9.67	10.27	100	
	女	人数	885	270	155	102	108	1520	20.207**
		百分比	58.22	17.76	10.20	6.71	7.11	100	
	总计	人数	1700	517	294	247	262	3020	
		百分比	56.11	17.10	9.7	8.15	8.65	100	

注:** 为0.01水平显著

6. 不同年级的小学生对"汶川地震遗址拍照"态度的差异检验

不同年级的小学生对"汶川地震遗址拍照"行为的态度存在差异（表9-44），三者存在较大比率差异的选项是A和B。选择"严重伤害了灾区人民的感情"（选项A）的比例，五年级和六年级小学生很接近（分别为58.42%和57.36%），均高于四年级小学生（49.05%）；选择"太缺少同情心了"（选项B）的比例，四年级小学生（42.30%）高于其他两个年级，且五年级和六年级小学生也比较接近（分别为33.00%和35.23%）。可见，对"汶川地震遗址拍照"行为，高年级小学生更倾向于从灾区人民感情的角度予以否定，中年级小学生更倾向于从自身同情心的角度予以否定。

表9-44 不同年级的小学生对"汶川地震遗址拍照"态度的差异检验

			A	B	C	D	总计	皮尔森卡方检验
汶川地震遗址拍照	四年级	人数	516	445	56	35	1052	25.710**
		百分比	49.05	42.30	5.32	3.33	100	
	五年级	人数	531	300	40	38	909	
		百分比	58.42	33.00	4.40	4.18	100	
	六年级	人数	604	371	45	33	1053	
		百分比	57.36	35.23	4.27	3.13	100	
	总计	人数	1651	1116	141	106	3014	
		百分比	54.78	37.03	4.68	3.52	100	

注：** 为0.01水平显著

7. 不同年级的小学生对"使用一次性筷子"态度的差异检验

不同年级的小学生对使用一次性筷子的态度存在显著差异（表9-45），三者存在较大比率差异的选项是A和D。选择"应该选用普通筷子"（选项A）的比率，六年级小学生（52.96%）高于四年级小学生（47.23%）和五年级小学生（46.67%），四年级和五年级比率比较一致；选择"最好选用一次性筷子"（选项D）的情况正好相反。可见，六年级小学生比四年级和五年级小学生更倾向于使用普通筷子，四年级和五年级小学生的情况比较接近。

表 9-45　不同年级的小学生对"使用一次性筷子"态度的差异检验

			A	B	C	D	总计	皮尔森卡方检验
使用一次性筷子	四年级	人数	494	222	68	262	1046	14.898*
		百分比	47.23	21.22	6.50	25.05	100	
	五年级	人数	457	166	55	242	920	
		百分比	46.67	18.04	5.98	26.30	100	
	六年级	人数	563	223	54	223	1063	
		百分比	52.96	20.98	5.08	20.98	100	
	总计	人数	1514	611	177	727	3029	
		百分比	50.00	21.17	5.84	24.00	100	

注：* 为 0.05 水平显著

三、小学生对与生命冲突事件态度的影响因素

（一）社会因素

1. 城乡小学生对"老师带病上课"态度的差异检验

结果显示，城乡小学生对"老师带病上课"的态度存在显著差异（表 9-46），两者存在较大比率差异的选项是 A 和 B。选择"对工作认真负责，很感人"（选项 A）的比率，农村小学生（67.32%）高于城市小学生（65.88%），选择"生病就不要来上班了，身体更重要"（选项 B）的比率，城市小学生（12.63%）高于农村小学生（10.02%）。可见，城市小学生比农村小学生更倾向于选择以身体健康为取向的答案。

表 9-46　城乡小学生对"老师带病上课"态度的差异检验

			A	B	C	D	总计	皮尔森卡方检验
老师带病上课	农村	人数	1304	194	405	34	1937	10.536**
		百分比	67.32	10.02	20.91	1.76	100	
	城市	人数	751	144	237	8	1140	
		百分比	65.88	12.63	20.79	0.70	100	
	总计	人数	2055	338	642	42	3077	
		百分比	66.79	10.98	20.86	1.36	100	

注：** 为 0.01 水平显著

2. 城乡小学生对"个人生命与集体财产之间关系"态度的差异检验

经检验,城乡小学生对个人生命与集体财产之间关系的态度存在显著差异(表9-47)。对"在灾难发生时,为抢救集体财产不惜牺牲个人生命是值得的"这一观点,选择"完全不同意"和"大部分不同意"的比率之和,农村小学生(26.96%)高于城市小学生(23.56%)。相应地,选择"基本同意"的比例,两者均为10%左右,选择"完全同意"和"大部分同意"的比率之和,城市小学生(65.61%)高于农村小学生(62.69%)。可见,农村小学生比城市小学生更倾向于认为冒着生命危险抢救集体财产不值得。

表9-47 城乡小学生对"个人生命与集体财产之间关系"态度的差异检验

			完全不同意	大部分不同意	基本同意	大部分同意	完全同意	总计	皮尔森卡方检验
个人生命与集体财产之间关系	农村	人数	380	133	197	275	918	1903	12.971*
		百分比	19.97	6.99	10.35	14.45	48.24	100	
	城市	人数	182	88	124	199	553	1146	
		百分比	15.88	7.68	10.82	17.36	48.25	100	
	总计	人数	562	221	321	474	1471	3049	
		百分比	18.43	7.25	10.53	15.55	48.25	100	

注:*为0.05水平显著

3. 城乡小学生对"见义勇为"态度的差异检验

经检验,城乡小学生对"见义勇为"做法的态度存在显著差异(表9-48)。选择"应该冲上去制止小偷"(选项C)的比率,农村小学生(12.61%)高出城市小学生(6.84%)近一倍,选择"悄悄地找周围的大人帮忙"(选项D)的比例,城市小学生(87.21%)高出农村小学生(81.93%)约5个百分点。可见,从对见义勇为的行为选择来看,城市小学生比农村小学生更懂得自我保护,讲求策略。

表 9-48 城乡因素对小学生"见义勇为"态度的差异检验

			A	B	C	D	总计	皮尔森卡方检验
见义勇为	农村地区	人数	34	73	247	1605	1959	29.509**
		百分比	1.74	3.73	12.61	81.93	100	
	城市地区	人数	12	55	77	982	1126	
		百分比	1.07	4.88	6.84	87.21	100	
	总计	人数	46	128	324	2587	3085	
		百分比	1.5	4.1	10.5	83.9	100	

注：** 为 0.01 水平显著

（二）家庭因素

1. 父母受教育程度不同的小学生对"见义勇为"态度的差异检验

经检验，父母受教育程度不同的小学生对"见义勇为"的态度存在显著差异（表 9-49）。选择"应该冲上去制止小偷"（选项 C）的比率，父母双方学历均在大学以下的小学生（11.49%）高于父母一方学历在大学及以上的小学生（9.23%）和父母双方学历均在大学及以上的小学生（6.42%）。可见，父母受教育程度均在大学以下的小学生更倾向于采取冲上去制止小偷的行为方式。

表 9-49 父母受教育程度不同的小学生对"见义勇为"态度的差异检验

			A	B	C	D	总计	皮尔森卡方检验
见义勇为	父母双方学历在大学以下	人数	31	75	237	1720	2063	16.815*
		百分比	1.50	3.46	11.49	83.37	100	
	父母一方学历在大学及以上	人数	4	14	30	277	325	
		百分比	1.23	4.31	9.23	85.23	100	
	父母双方学历在大学及以上	人数	5	30	36	490	561	
		百分比	0.89	5.35	6.42	87.34	100	
	总计	人数	40	119	303	2487	2949	
		百分比	1.5	4.1	10.5	83.9	100	

注：* 为 0.05 水平显著

2. 不同家境的小学生对"老师带病上课"态度的差异检验

不同家境的小学生对"老师带病上课"的态度存在显著差异（表9-50），三者存在较大比率差异的选项是A、B和D。选择老师"对工作认真负责，很感人"（选项A）的比率，富有家庭的小学生（56.57%）明显低于贫困家庭的小学生（64.80%）和一般家庭的小学生（68.26%）；选择"生病就不要来上班，身体更重要"（选项B）的比率，富有家庭的小学生（17.17%）明显高于贫困家庭的小学生（10.40%）和一般家庭的小学生（10.63%），后两者比率接近。可见，一般家庭的小学生更关注教师的工作品质，富有家庭的小学生更倾向于关注教师的身体和学生的学习。

表9-50 不同家境的小学生对"老师带病上课"态度的差异检验

			A	B	C	D	总计	皮尔森卡方检验
老师带病上课	贫困	人数	162	26	54	8	250	
		百分比	64.80	10.40	21.60	3.20	100	
	一般	人数	1682	262	499	21	2464	
		百分比	68.26	10.63	20.25	0.85	100	29.152**
	富有	人数	56	17	21	5	99	
		百分比	56.57	17.17	21.21	5.05	100	
	总计	人数	1900	305	574	34	2813	
		百分比	67.54	10.84	20.40	1.21	100	

注：** 为0.01水平显著

3. 不同家境的小学生对"见义勇为"态度的差异检验

不同家境的小学生对"见义勇为"的态度存在显著差异（表9-51）。选择"应该冲上去制止小偷"（选项C）的比率，家境贫困的小学生（18.33%）高于家境一般的小学生（10.12%）和家境富有的小学生（9.90%）。可见，家境贫困的小学生自我保护的意识比较弱，更倾向于采取直接行动去制止小偷。

表 9-51　不同家境的小学生对"见义勇为"态度的差异检验

			A	B	C	D	总计	皮尔森卡方检验
见义勇为	贫困	人数	4	10	46	191	251	16.729*
		百分比	1.59	3.98	18.33	76.10	100	
	一般	人数	33	92	250	2095	2470	
		百分比	1.34	3.72	10.12	84.82	100	
	富有	人数	2	4	10	85	101	
		百分比	1.98	3.96	9.90	84.16	100	
	总计	人数	39	106	306	2371	2822	
		百分比	1.5	4.1	10.5	83.9	100	

注：* 为 0.05 水平显著

4. 不同家庭类型（一）的小学生对"见义勇为"态度的差异检验

经检验，不同家庭类型（一）的小学生对"见义勇为"的态度存在显著差异（表 9-52）。选择"应该冲上去制止小偷"（选项 C）的比率，不与父母同住的小学生（16.49%）高于单亲家庭的小学生（13.44%）和双亲家庭的小学生（8.99%）。可见，相比较而言不与父母同住的小学生更倾向于直接采取行动去制止小偷。

表 9-52　不同家庭类型（一）的小学生对"见义勇为"态度的差异检验

			A	B	C	D	总计	皮尔森卡方检验
见义勇为	双亲	人数	29	95	201	1911	2236	28.408**
		百分比	1.30	4.25	8.99	85.47	100	
	单亲	人数	7	17	50	298	372	
		百分比	1.88	4.57	13.44	80.11	100	
	不与父母同住	人数	8	9	63	302	382	
		百分比	2.09	2.36	16.49	79.06	100	
	总计	人数	44	121	314	2511	2990	
		百分比	1.5	4.1	10.5	83.9	100	

注：** 为 0.01 水平显著

5. 不同家庭类型（二）的小学生对"见义勇为"态度的差异检验

经检验，不同家庭类型（二）的小学生对"见义勇为"的态度存在显著差异（表9-53）。选择"应该保护好自己，不去管这件事"（选项B）的比率，不与老人同住的小学生（4.81%）高于与老人同住的小学生（2.77%）。可见，不与老人同住的小学生采取无所谓、置之不理态度的比率略高一点。

表9-53 不同家庭类型（二）的小学生对"见义勇为"态度的差异检验

			A	B	C	D	总计	皮尔森卡方检验
见义勇为	与老人同住	人数	17	31	124	946	1118	7.868*
		百分比	1.52	2.77	11.09	84.62	100	
	不与老人同住	人数	27	90	190	1565	1872	
		百分比	1.44	4.81	10.15	83.60	100	
	总计	人数	44	121	314	2511	2990	
		百分比	1.5	4.1	10.5	83.9	100	

注：* 为0.01水平显著

6. 独生子女与非独生子女小学生对"见义勇为"态度的差异检验

经检验，独生子女与非独生子女小学生对"见义勇为"的态度存在显著差异（表9-54）。选择"应该冲上去制止小偷"（选项C）的比率，非独生子女小学生（12.73%）高于独生子女小学生（8.41%）。可见，非独生子女小学生更倾向于采取直接行动去制止小偷。

表9-54 独生子女与非独生子女小学生对"见义勇为"态度的差异检验

			A	B	C	D	总计	皮尔森卡方检验
见义勇为	独生子女	人数	17	68	131	1342	1558	17.952**
		百分比	1.09	4.36	8.41	86.14	100	
	非独生子女	人数	24	49	173	1113	1359	
		百分比	1.77	3.61	12.73	81.90	100	
	总计	人数	41	117	304	2455	2917	
		百分比	1.5	4.1	10.5	83.9	100	

注：** 为0.01水平显著

7. 不同性别的小学生对"见义勇为"态度的差异检验

经检验，不同性别的小学生对"见义勇为"的态度存在显著差异（表9-55）。选择"应该保护好自己，不去管这件事"（选项B）的比率，男生（5.35%）高于女生（2.91%）；选择"悄悄地找周围的大人帮忙"（选项D）的比率，女生（86.40%）高于男生（81.33%）约5个百分点。可见，男生更倾向于对小偷正在偷东西的行为置之不理，女生更倾向于找大人帮忙。

表9-55 不同性别的小学生对"见义勇为"态度的差异检验

			A	B	C	D	总计	皮尔森卡方检验
见义勇为	男	人数	28	82	176	1246	1532	
		百分比	1.83	5.35	11.49	81.33	1005	
	女	人数	17	45	148	1334	1544	18.843**
		百分比	1.10	2.91	9.59	86.40	100	
	总计	人数	45	127	324	2580	3076	
		百分比	1.5	4.1	10.5	83.9	100	

注：** 为0.01水平显著

第三节 基本结论、讨论与建议

一、基本结论与讨论

（一）小学生生命道德价值观的基本状况

本问卷从横向对自己生命、他人生命（包括人类生命）、他类生命（包括动植物生命）三个维度，从纵向对直接威胁、间接危害以及利益冲突三个层次，来考察当代小学生关爱生命的状况。调查结果表明，当代小学生生命道德观整体处于良好水平，但在不同层面上存在差异（表9-56）。

第九章 小学生的生命道德价值观

表 9-56 小学生生命道德价值观状况

项目	自己生命	他人生命	人类生命	动物生命	植物生命
直接威胁	被校园小霸王欺负（九成）	没有盖的井（九成）		虐猫事件（九成）	
间接危害		汶川地震遗址拍照（九成）	世界和平与自身关系（七成）		使用一次性筷子（七成）
利益冲突	财产、义勇	工作			

注：括号内为选择"保护生命"的小学生比例。

通过对九项影响因素的分析发现，城乡因素对小学生生命道德价值观的影响最大，覆盖了三个层面的九个方面。其次是性别、是否独生子女、父母受教育程度、家境、家庭类型（一），这五项因素分别影响了三个层面的六个方面。而家庭类型（二）、年级分别影响了两个层面的三个和两个方面。民族因素的影响最小，只关涉对动物的态度方面，具体情况见表 9-57。

表 9-57 影响小学生生命道德价值观的因素

项目		社会因素		家庭因素				个人因素			总计
		城乡	民族	父母受教育程度	家境	家庭类型（一）	家庭类型（二）	是否独生子女	性别	年级	
直接	自己	●		●	●	●		●	●		7
	他人	●		●		●		●	●		5
	动物	●	●		●	●			●		5
间接	逝者	●		●	●			●		●	5
	植物	●		●	●	●		●	●	●	7
	和平	●				●	●	●	●	●	6
冲突	工作					●			●		2
	财产								●		1
	义勇	●		●	●	●	●		●		7
总计	9	9	1	6	6	6	3	6	6	2	45

注：直接层合计 17/27；间接层合计 18/27；冲突层合计 10/27。

1. 在生命遭到直接威胁时，绝大部分小学生都有很强的关爱生命意识

从生命可能遭受直接威胁、危害的层面考察，无论是对自己的生命，还是对他人的生命、动物的生命，九成以上的小学生都选择了保护生命、对生命负责、善待生命的选项，而选择不关爱生命选项的小学生极少，约为5%。

当个人的生命受到威胁时，所有被调查的小学生都有保护自己生命的意识，只是不同人选择的保护方式不同，绝大部分小学生倾向于选择求助成人的方法，但约有1/10的小学生倾向于选择暴力对抗性的方式，而4%的小学生选择退让的方式。进一步分析发现，城市地区、独生子女、父母学历较高、家境好、单亲家庭、不与老人同住的小学生以及男生更倾向于选择暴力对抗性的方式来保护自己。

对可能使他人生命受到伤害的事情，约95%的小学生都会选择主动积极预防的态度，尤其是80%的小学生是出于对"万一有人掉下去怎么办"的担心。选择"不管"或"不理"的小学生比例各为2.5%，两者的区别在于，前者认为"会有其他人管"，后者认为"与自己没关系"。进一步分析发现，城市地区、双亲家庭和不与父母同住家庭的小学生以及女生更倾向于选择对他人生命负责的选项；非独生子女、父母学历低的小学生更倾向于求助成人，独生子女、父母学历高的小学生则更倾向于自己行动。

对残害动物生命的现象，约93%的小学生持强烈的谴责态度，7%的小学生于心不忍，但也有约4%的小学生对此不以为然。进一步分析发现，城市地区、父母受教育程度高、单亲家庭的小学生以及女生更倾向于对"虐猫事件"予以谴责，对小动物心怀同情；汉族和少数民族的小学生只是在认为"虐猫事件"太过分和于心不忍两个方面各有侧重，并无实质性的差异。可见，绝大多数小学生都很爱惜小动物，富有同情心；与此同时，极少数小学生不爱惜动物的生命，把个人的意愿凌驾于动物生命之上，只顾及自己的感受。

2. 对间接伤害生命的现象，七成左右的小学生都以关爱生命为价值取向

从生命可能因与他物之间的矛盾而间接受到伤害的层面考察，小学生的生命价值取向会因他物的性质及其与生命关系的不同而有所不同。例如：对

游人在汶川地震遗址拍照的行为，90%以上的小学生会以人的生命及情感为价值取向，谴责游人的行为，体现出他们对逝去的生命及其亲人感受的尊重与理解；对于是否使用一次性筷子和是否认为世界和平与自己有关，即在生活方便与保护植物之间具有矛盾、当世界和平之"事大"与小学生之"人小"之间具有矛盾时，各有70%的小学生是以关爱生命为价值取向的，无论他们是否真正意识到这一点。

对在汶川地震遗址兴奋拍照的行为，90%以上的小学生持否定态度，其中2/3的小学生是出于对灾区人民感受的考虑，1/3的小学生是站在作为一个人应具有同情心的角度。约有8%的小学生认为这种行为对灾区人民没有伤害或是与他人无关。进一步分析发现：城市地区、独生子女、一般和富有家境以及双亲家庭的小学生，比农村地区、非独生子女、贫困家境、单亲家庭的小学生更倾向于理解和同情灾区人民的感受，对逝去的生命及其亲人情感的尊重意识比较强；五年级和六年级小学生更倾向于从灾区人民感情的角度考虑问题，四年级小学生更倾向于从自身同情心的角度考虑问题。可见，绝大部分的小学生对逝去的生命及其给亲人带来的伤痛抱有强烈的同情心，对只顾自己娱乐，不顾他人感受的行为予以谴责。

当使用普通筷子与一次性筷子发生矛盾时，约2/3的小学生认为应该选用普通筷子，近1/3的小学生认为应该使用一次性筷子。进一步分析发现，城市地区、独生子女、父母学历高、家境好、双亲家庭、六年级的小学生以及男生比农村地区、非独生子女、父母学历低、家境差、单亲家庭、四年级和五年级的小学生以及女生更倾向于使用普通筷子。由于问卷设计中没有涉及选用不同筷子的原因，因而我们只能对其中的原因进行推断：前者可能是认为使用普通筷子比一次性筷子更有利于环保，或者一次性筷子是由树木做成的，不使用就是保护树木；后者可能是出于一次性筷子让人感觉更为干净、方便的考虑，或者根本就什么都没有考虑。

对"世界和平是大人的事情，小孩不用操心"这一观点，超过2/3的小学生持否定态度，其中持完全否定态度的小学生过半数，只有不足1/3的小学生持不同程度的肯定态度。维护世界和平的实质是珍惜、保护人类生命。可见，近七成的小学生能不同程度地意识到世界和平不仅仅是大人的事情，自己也要关心，也有责任。进一步分析发现，城市地区、独生子女、父母学历高、一般家庭、与老人同住家庭的小学生以及女生比农村地区、非独生子女、父母学历低、贫困和富有家庭、不与老人同住家庭的小学生以及男生更倾向于认为世界和平与自己有关。

3. 小学生对生命与工作、财产、义勇之间冲突的价值判断呈现出多层性与矛盾性

从生命与他物之间产生冲突的层面考察，小学生对生命与工作、财产之间发生冲突时的价值判断呈现出多层性与矛盾性。

当身体健康与工作责任之间发生矛盾时，约 2/3 的小学生更看重坚持工作所体现出的良好道德品质，理解和肯定老师带病坚持工作的奉献精神；约 1/5 的小学生更看重生命，意识到身体健康比工作更重要；约 1/10 的小学生认为老师应该先把身体养好，但目的是为了更好地工作。进一步分析发现，城市小学生比农村小学生更倾向于选择以身体健康为取向；家境一般的小学生更关注教师的工作品质，家境富有的小学生更倾向于关注教师的身体和学生的利益。

当特定情况下个人生命与集体财产发生冲突时，不足半数的小学生认同"舍己生为公财"的观念，持完全否定态度的小学生不足 1/5，而 1/3 的小学生的选择处于两者之间。进一步分析发现，仅有城乡因素影响小学生的选择，对"冒着生命危险抢救集体财产"，农村小学生比城市小学生更倾向于认为不值得。

对见义勇为的态度，超过九成的小学生是积极的、肯定的，而且超过八成小学生所选择的方式是恰当的。进一步分析发现，相比较而言，城市地区、父母受教育程度高、家境较好、与父母同住、独生子女的小学生更讲求见义勇为的策略。而农村地区、父母受教育程度在大学以下、家境贫困、不与父母同住、非独生子女的小学生更倾向于采取冲上去制止小偷的行为方式。不与老人同住的小学生和男生倾向于采取无所谓、置之不理的态度，而女生更倾向于找大人帮忙。可见，小学生对作为中华民族传统美德的"见义勇为"的态度，并不受时代的影响。

（二）讨论

1. 怎样看待影响小学生生命道德价值观的社会、家庭、个人因素之间的关系

从对小学生生命道德价值观的影响结果看，城乡是最大的影响因素，覆盖全部方面；城市地区、独生子女、父母受教育程度高、家境好等因素的影响具有一致性，农村地区、非独生子女、父母受教育程度低、家境差等因素的影响也具有一致性。如何看待这一结果？一般而言，父母受教育程度高、家境比较富有、独生子女的小学生大多集中在城市，非独生子女、父母受教育程度低、家境一般或贫困的小学生大多集中在农村。也可以说，这几个因素是城乡差异在家庭方面的表现。

作为个人因素的性别和年级，对小学生生命道德价值观的影响也符合一般规律。如男生比女生更倾向于选择暴力对抗性的方式自保，而且年级对小学生生命道德价值观的影响并不大，对小学生直接保护生命的态度没有影响，对其间接关爱生命的态度有影响，并且随着年级的升高，小学生对生命的关爱意识增强。可见，这也是受教育的结果。因此，影响小学生生命道德价值观的主要是社会因素，也可以说小学生生命道德价值观的差异主要是由城乡文化造成的。

2. 如何看待小学生对生命与工作、财产关系态度的多样性与矛盾性

小学生对生命与工作、财产关系的态度呈现出多样性状态与矛盾性，其实质是社会转型期存在的生命价值观与社会价值观的矛盾与冲突的体现。小学生对生命与工作、财产关系的态度只受城乡和家境两个因素影响，不受其他 7 个因素的影响，这一点也说明这两个关系问题不是个人、家庭问题，而是整个社会阶层道德价值观的反映。

社会转型期生命价值的凸显，对社会的一些既有价值观念是一种冲击，以往被社会公众所普遍接受的传统价值观受到了挑战。以往"一边倒"的价值观被打破，出现了多样化趋势。当代小学生对"老师带病上课"、"在灾难发生时，为抢救集体财产不惜牺牲个人生命是值得的"等观念的认同程度出现多层次与矛盾状态，是这个时代特性的真实反映。这也是传统社会与现代

社会之间差异的体现，不能不说是一种进步。那么，社会转型期应树立怎样的价值观，应如何正确处理个人生命与集体财产之间的关系，如何正确对待生命健康与工作责任之间的关系？这是当代社会核心价值观体系构建中必须要明确的问题，也是学校教育应明确的问题。

二、建议

学校对小学生生命道德价值观的培养负有重要责任。从对小学生生命道德价值观形成与发展主要影响因素的分析来看，在教育内容上，学校应侧重以下几方面。

（一）要注重引导小学生学习正确保护生命的方法

保护生命是人的本能，一定意义上讲，学生不接受教育也具有保护生命的意识，但如何保护生命，在什么情况下以怎样的方式方法保护是适当的、有效的，却不是仅凭本能就能实现的，而是需要经过后天学习的。尤其是当代社会因素比较复杂，媒体信息复杂多样且良莠并存，竞争激烈且高速发展，小学生在耳濡目染之中所获得的保护生命的方式方法也存在一些问题，需要学校教育给予矫正。在引导小学生学习正确的保护生命的方式时，要特别注意不同家庭背景的小学生的不同状况。

（二）要注重有关间接危害生命的内容

总的来看，对社会生活中一些不符合保护生命、生态环保理念的做法，诸如使用一次性筷子实质上是对植物生命、对自然环境的危害等，小学生的认识还很有限，学校教育要引导小学生对这些内容不但要从观念上加以澄清，而且要从行为上加以改善。

（三）引导小学生正确处理个人与集体、自己与他人的关系

当前，小学生总体上能够以生命为价值取向，但学校教育还应引导他们正确认识、理解生命，认识个体生命与社会、他人的关系等。家庭因素对小

学生生命态度有着重要的影响。在途径上,要在家长学校中开展生命教育,引导、影响小学生家长的生命道德价值观。因此,要想更有效地培养小学生的生命道德价值观,学校就应该注重与家长的沟通,注重对家长的生命教育。在教育对象上,需要特别关注单亲家庭的小学生,虽然这样的家庭所占比例很少,但生活于其中的孩子所出现的问题却相对较多。

第十章

当代小学生道德价值观状况及其教育思考

社会变迁中的小学生道德价值观状况如何？本次调查结果显示，当代小学生的道德价值观发展状况良好。无论是中华传统美德，还是富有时代性的道德，绝大多数小学生的道德价值观都与我们社会所倡导的道德价值观相一致，从影响因素看，社会、家庭、个人因素中的多个方面都不同程度地影响着小学生的道德价值观，其中，有一些价值观明显地受城乡文化因素影响，而非小学生群体所独有。

本次调查结果有着非常重要的意义，为当代小学生的道德价值观教育提供了依据。小学生道德价值观教育非常重要，小学教育面向全体适龄儿童，是为人的一生发展奠基。小学阶段是一个人的发展具有极强可塑性的时期，是道德快速发展的一个时期，是价值观形成的萌芽期。在这个阶段，帮助小学生形成正确的价值观，是为他们一生的健康成长奠定基础。正如西班牙学者所言："让正确的价值观陪孩子走一生的路！"

第一节 当代小学生道德
价值观的基本状况

本次问卷从爱、规则、尊重、责任、宽容、公正、合作、生命八个方面来考察当代小学生的价值观状况，具体结果如下。

一、小学生爱的价值观状况

小学生爱的价值观正向、积极，绝大多数小学生认同、遵从传统的孝道，体谅父母，感恩父母，乐于助人，热心公益，爱国，环保。相比较而言，小学生对自己熟悉的人、事、物的爱的价值观认同要优于对不熟悉的人、事、物；社会转型的全球化、商品经济的特征在一定程度上影响着小学生爱的价值观的发展，使之表现出鲜明的时代特点，如部分学生在处理自身与他人关系时会计算得与失，在利他的同时兼顾自我等。

总体上看，小学生爱的价值观不受地域、民族等社会因素的影响，表现出相同的趋势，具有普适性。家庭环境是影响小学生爱的价值观的重要因素。父母学历、家庭经济背景、父母是否与孩子共同生活等都会影响小学生爱的价值观的形成与发展。一般而言，父母受教育程度高、家境富有的小学生的自我意识较强，更关注自我，在与他人相处时自我中心倾向比较明显，他们不拒绝助人，但是有条件，更倾向于不影响自己。另外，家境贫困的小学生因自身合理需要常常得不到满足，所以他们中的有些人会更关注自身。单亲家庭、不与父母一同生活的小学生爱的价值观不及正常家庭的小学生。学校教育对学生爱的价值观的影响重大，小学生年级越高，越懂得孝敬父母，但主动助人意识不及低年级学生；六年级小学生自我意识增强，不愿意主动关心他人。此外，担任过班级干部的小学生爱的价值观水平高于没有担任过班级干部的小学生。

二、小学生的规则价值观状况

大多数小学生的规则价值观发展状况良好，无论是对蕴含着爱国情感的升旗仪式的规则，还是蕴含着诚实美德的考试规则，小学生都能认同并遵守，同时这也反映了当代小学生对爱国、诚实、自律等价值观的认同，但也有约5%的小学生缺乏遵守规则的意识。

面对遵守规则与个人利益的冲突，小学生的规则价值观呈现出多样性。仅有六成的小学生认同即使吃亏也要遵守规则，有一成的小学生选择绝对不遵守，其他三成小学生的选择则处在两者之间。可以说，这是与当今社会现实相吻合的，即不仅是小学生，连成人也是如此。这不仅是时代的问题，而且是人类道德始终关注的问题。

社会、家庭、个人因素不同程度地影响着小学生的规则价值观。相比较而言，面对遵守规则会吃亏的情形，城市地区、汉族、父母受教育程度较低、独生子女、四年级和六年级的小学生以及女生更倾向于遵守规则。对考试作弊现象，父母双方学历均在大学及以上、家境一般、四年级的小学生持谴责态度的比率更高。其中，表示无论怎样考试都不作弊的，父母一方学历为大学及以上、家境富有的小学生的比率更高。对于升国旗规则，一般家境、四年级和六年级的小学生及女生更倾向于主动遵守，而贫困家庭的小学生更倾向于被动地遵守，富有家庭的小学生则更多地从自己出发或认为没有必要遵守。

三、小学生的尊重价值观状况

从自尊和尊重他人两方面考察，绝大多数小学生的尊重价值观与社会期望、学校教育的价值取向相一致。他们既传承了传统的尊重师长的美德，也呈现出了尊重的时代气息。小学生不仅表现出对父母、老师等权威人士的尊重，而且也表现出对同伴的尊重，体现出平等的尊重；不是单纯的下对上的尊重，而是主张平等的尊重。

从影响因素来看,城乡因素影响小学生的自尊意识。相比较而言,城市地区、父母双方受教育程度较高、家境一般、独生子女、年级较高的小学生更倾向于认为被人嘲笑伤自尊。父母受教育程度和家境因素影响小学生对他人的尊重,相对而言,父母双方受教育程度较高、家境一般的小学生更倾向于尊重他人。在个人因素中,除了班级干部因素外,其他三个因素对小学生的尊重意识均有不同程度的影响。相比较而言,非独生子女小学生及女生更倾向于选择尊重他人;随着年级的升高,小学生对权威的尊重意识减弱,而且对他人尊重的情感性也不断下降,而理性相应增强。

四、小学生的责任价值观状况

总的来说,无论是对自己分内应做的事,还是因承诺而应履行的事、因过错而应承担的责任,八成以上的小学生都表现出良好的责任价值观,但这三方面也存在一些差异。相比较而言,小学生对做自己分内应做的事和因过错而应承担的责任两方面的责任感好于对老师和同学履行承诺的责任感。尤其是对自己答应同学的事情遇到困难的情形,仅有六成的小学生能认识到答应他人的事无论遇到什么问题都应想办法完成,三成多的小学生不同程度地缺乏履行承诺的意识,还有6%的小学生根本没有意识到自己应当负有责任。

从影响因素看,家庭类型因素对小学生履行承诺的态度的影响比较多样。相比较而言,选择"想办法完成"的,家境富有和贫困的小学生的比率高于家境一般的小学生,而选择"应付一下"的比率,家境富有的小学生则高出其他两类小学生一倍以上。双亲家庭的小学生更倾向于直接告诉对方不能履约,不与父母同住的小学生更倾向于想办法完成,而单亲家庭的小学生选择"应付一下"的比率高一些。

五、小学生的公正价值观状况

面对并不直接与自己利益发生冲突的现象或问题,九成以上的小学生都能公正对待,相对而言,城市地区、父母受教育程度高、独生子女的小学生比农村地区、父母受教育程度低、非独生子女小学生的选择公正对待的比率更高一些。面对自己的利益与他人利益的冲突，仅有七成小学生反对损人利己的观点，近三成的小学生不同程度地认同这一观点。相比较而言，父母双方受教育程度低、贫困家庭、低年级的小学生更倾向于认同损人利己的观点，而家境一般的小学生认同此观点的比率最低。可见，小学生的公正价值观发展状况良好且具有"相对性"。当面对不与自己的个人利益相关的事情时，小学生的公正意识很强，但当与自己利益相冲突时，一些小学生的公正意识就减弱了。

六、小学生的宽容价值观状况

从对同学、老师两方面的宽容来考察，小学生的宽容价值观状况与他们的身心发展阶段是相对应的。八成以上的小学生能够原谅同学的过错，接受同学的道歉。对老师上课不能回答学生的情况，小学生并不大宽容，有五成以上的小学生不同程度地认为老师不应该这样。相对而言，农村地区的非独生子女小学生及女生更倾向于宽容同学的过错，而城市地区、父母受教育程度较高、年级较高的城市小学生更倾向于选择"看情形定"。来自城市地区、父母受教育程度较高、独生子女小学生比农村地区、父母学历较低、非独生子女的小学生更倾向于宽容老师上课不能回答学生的情况。

七、小学生的合作价值观状况

总体而言，95%以上的小学生不同程度地认为自己能够和别人一起合作完成事情。相对而言，家庭因素对小学生的合作价值观影响最大，无论是父母受教育程度，还是家境、家庭类型等因素都发挥着不同程度的影响。社会因素中只有城乡因素有显著影响，而个人因素则没有显著影响。相对而言，城市地区、父母学历较高、家境较好、双亲家庭的小学生更倾向于认为自己具有较好的合作意识，可以和别人一起合作完成事情。

八、小学生的生命道德价值观状况

从横向对自己生命、他人生命（包括人类生命）、他类生命（包括动、植物生命）三个维度，从纵向对生命直接受到危害、间接受到危害以及利益冲突三个层次来考察，当代小学生关爱生命的道德价值观状况处于良好水平，但在这三个层次上存在差异。

在生命遭到直接威胁时，无论是对自己的生命，还是对他人的生命、动物的生命，九成以上的小学生都表现出很强的关爱生命意识。对间接伤害生命的现象，七成左右的小学生都能以关爱生命为价值取向。相对而言，城市地区、父母学历高、一般和富有家境、双亲家庭、独生子女的小学生更倾向于以关爱生命为取向。面对生命与工作、财产、义勇之间发生冲突的情形，小学生的价值判断呈现出多层性与矛盾状况，如对身体健康与工作责任之间的矛盾，七成的小学生更看重坚持工作所体现出的良好道德品质，二成的小学生以身体健康为价值取向。相比较而言，城市小学生比农村小学生更倾向于以身体健康为取向；一般家庭的小学生更关注教师的工作品质，富有家庭的小学生更倾向于关注教师的身体和学生的利益。对特定情况下个人生命与集体财产之间的冲突，不足半数的小学生认同"舍己生为公财"的观念，近1/5的小学生持完全否定态度，而1/3的小学生的选择处于两者之间。相比较而言，农村小学生比城市小学生更倾向于认为不值得。相比于上述两种冲突，对见义勇为的态度，九成多的小学生是积极的、肯定的，而且八成多小学生所选择的方式是恰当的。相比较而言，城市地区、父母受教育程度高、家境较好、与父母同住、独生子女的小学生更懂得自我保护，在见义勇为上讲求策略。

第二节　当代小学生道德价值观的影响因素分析

调查结果显示，小学生道德价值观的发展受家庭、学校、社会三类因素的共同影响，三者各有侧重，如小学生爱的价值观不受城乡、民族等社会因素的影响，其生命道德价值观主要受城乡因素影响等。相对而言，越是与自然情感相近的道德价值观，越是受家庭的影响；越是与社会情感相近的道德价值观，越是受社会、学校的影响。

一、社会因素对小学生道德价值观的影响

社会转型期多元价值观并存，对小学生的道德价值观发展具有深刻的影响。面对个人利益与他人、社会利益的冲突，小学生的道德价值观表现出多样化的状况，如对"老师带病上课"、"在灾难发生时，为抢救集体财产不惜牺牲个人生命是值得的"等观念的认同程度出现多层性与矛盾状态，这实质是社会转型期存在的生命价值观与社会价值观的矛盾与冲突的体现。社会转型期生命价值的凸显对社会的一些既有价值观念是一种冲击，以往被社会公众所普遍接受的传统价值观受到了挑战。以往"一边倒"的价值观被打破，出现了多样化趋势。但也有不受时代影响的，如小学生对作为中华民族传统美德的"见义勇为"的态度并不受时代的影响。

本次调查显示，在两项社会因素中，城乡因素对小学生道德价值观的影响很大，并呈现出一个非常明显的现象，即城乡小学生道德价值观存在一定的差异，在多数价值观方面，城市小学生略强于农村小学生。例如，农村地区小学生自我负责的意识相对更弱，城市小学生比农村小学生更能宽容老师上课回答不出学生的现象，城市小学生的合作意识强于农村小学生等。而民族因素则没有多大的影响，不同民族的小学生仅在几个方面有微小的差异，如汉族和少数民族的小学生只是在认为"虐猫事件"太过分和于心不忍两个方面各有侧重。

一些价值观更具有时代性，如公正、生命、合作等，因而城市文化、父母受教育程度较高的家庭文化，较之农村文化、父母受教育程度较低的家庭文化更能与之相契合，有利于小学生这方面价值观的形成与发展。调查发现，城市地区、独生子女、父母受教育程度高、家境好等因素的影响是一致的，农村地区、非独生子女、父母受教育程度低、家境差等因素的影响是一致的。

其缘由在于父母受教育程度高、家境好的独生子女小学生多居住在城市。所以，一定意义上讲，城乡文化与家庭文化是一致的。

二、家庭因素对小学生道德价值观的影响

调查结果显示，总的来说，相比于贫困和富有家境，一般家境对小学生的道德成长更为有利，贫困和富有家境对小学生的道德成长各有一定弊端。例如，家境一般的小学生比家境富有和家境贫困的小学生更倾向于尊重他人。对自己的错误给他人造成的损失，家境一般的小学生更倾向于主动承认错误并补偿损失，而家境贫困的小学生更倾向于被动地、不情愿地承认错误与补偿损失。再有，对答应老师不再去网吧的事，家境一般的小学生更倾向于遵守承诺，家境富有的小学生选择"要去也得过一段时间再去"的比率最高，而家境贫困的小学生选择"没办法，网络的诱惑太大了"的比率最高。

父母受教育程度也是影响小学生价值观的主要因素之一。一般而言，父母受教育程度较高的小学生，其道德价值观发展状况也较好。例如，随着父母受教育程度的升高，小学生选择宽容老师的比例也相应升高，父母受教育程度高的小学生更倾向于认为自己能与人合作。然而，受教育程度高的父母对孩子规则价值观的影响值得关注，相对而言，他们不是更倾向于社会而是倾向于个人，不是更为积极地遵守规则，而是更多地考虑个人利益。

三、年级因素对小学生道德价值观的影响

在小学生道德价值观的发展中，年级是一个重要的影响因素。年级因素对小学生道德价值观的影响可以说明两点：一是儿童生命成长不同阶段的特点，二是学校教育的意义。问卷调查发现了以下几个特点。

随着年级的升高，小学生的道德价值观发展水平呈现上升趋势，主要表现在爱父母、尊重、规则、责任、关爱生命等价值观方面。例如，在爱父母的价值观上，小学生年级越高，越倾向于认同孝敬父母，回报父母。随着年级的升高，小学生对权威的尊重意识减弱，对他人尊重的情感性也不断下降，

而理性相应增强。同时，年级越高的小学生越倾向于认为被人嘲笑伤自尊。随着年级的升高，小学生主动承担责任的比例也增多了，对"所有同学都应该拥有相等的权利"这一观点的认同比例也相应增多。对在餐馆就餐是否使用普通筷子，六年级的小学生比四年级和五年级的小学生更倾向于使用，且随着年级的升高，小学生对生命的关爱意识增强。

与此同时，随着年级的升高，小学生对一些道德价值观的认同呈下降趋势，主要表现在环保、助人、宽容等方面。例如，年级越低的小学生越倾向于制止别人乱扔垃圾，对乐于助人的价值观的认同度越高。四年级小学生比五年级和六年级小学生对老师更宽容。

年级不同的小学生，在道德价值观发展方面有着各自的特点。例如，面对网络的诱惑，五年级和六年级小学生更难以抵挡网络本身，而四年级小学生则更多考虑的是自己的喜好，而非网络诱惑或教师的要求。又如，面对游客在汶川地震遗址拍照现象，五年级和六年级小学生更倾向于从灾区人民感情的角度考虑问题，四年级小学生更倾向于从自身同情心的角度考虑问题。面对考试作弊现象，五年级小学生比四年级和六年级小学生更倾向于予以道德谴责，而四年级小学生比五年级和六年级小学生更倾向于洁身自好，保证自己考试不作弊。

五年级的一些小学生道德价值观状况相对弱于四年级和六年级小学生。例如，小学生的规则意识并没有呈现出随年级升高而增强的趋势，而是出现了五年级学生的规则意识弱于四年级和六年级小学生，而四年级和六年级小学生的规则意识基本一致的现象。面对答应同学的事遇到困难的情况，相比于四年级和六年级小学生，五年级小学生更倾向于采取消极的做法。

第三节　当代小学生道德价值观教育的侧重点

小学阶段应重点培养儿童哪些道德价值观？这是开展小学生道德价值观教育的前提与基础。本课题通过梳理国内外有关价值观研究成果，开展问卷调查研究等，确定了当代小学生道德价值观教育的侧重点，以及小学生道德发展的特点。当代小学生道德价值观教育应着重于个人与环境之间关系的处理、小学生的道德判断力与意志力的培养、小学生的同理心的教育以及小学生的生命教育等方面，既要立足于传统美德，同时又要注重时代性价值。

一、应同时注重传统性与时代性道德价值观的教育

梳理世界上其他一些国家所倡导的价值观以及我国学者对价值观研究的成果可以发现，尊重、责任、合作、公正、宽容（包容）、诚实、爱（仁爱、爱心、关心、关怀、热爱生命）、快乐（幸福）、和平等价值观是小学生道德价值观教育中不可缺少的内容。

为进一步了解小学生的道德价值观状况，本研究的调查问卷中设计了一道多选题（第41题），即在善良、勤劳、自强、宽容、诚实、公正、合作、守信、谦虚、关怀、尊重、助人等价值观中，请小学生选取5个自己最为欣赏的价值观。根据13个选项累计被选择的次数计算出频率，从高到低排名，位于前5名的依次是：善良（15.5%），诚实（14.1%），勤劳（11.3%），守信（9.7%），谦虚（8.1%）（表10-1）。在"其他"（选项M）一栏中，有些学生填写了勇敢、谨慎、助人、诚实、孝顺等。

表10-1 小学生最欣赏的品质

选项	人数	百分比	有效百分比
善良	2409	15.5	16.9
诚实	2200	14.1	15.5
勤劳	1765	11.3	12.4
守信	1504	9.7	10.6
谦虚	1259	8.1	8.9
宽容	1098	7.1	7.7
公正	662	4.3	4.7
自强	628	4.0	4.4
合作	323	2.1	2.3

续表

选 项	人 数	百分比	有效百分比
关怀	311	2.0	2.2
尊重	1079	6.9	7.6
助人	960	6.2	6.8
其他	24	0.1	0.1
总计1	14222	91.4	100.0
缺失值	1344	8.6	
总计2	15566	100.0	

这样的结果表明，小学生所认同的道德价值总体上是善良、勤劳、诚实、守信、谦虚等传统美德，而对宽容、公正、合作、关怀、尊重等具有现代意蕴的道德价值观的认同相对比较弱。这也表明小学生所受到的道德价值观教育主要是传统的、基础性的，而具有现代社会意蕴的道德价值观教育比较少。

一方面，当代小学生具有正向、积极的价值观，体现了对传统美德的认同，反映了学校教育的力量；另一方面，学校教育应加大当代道德价值观教育的力度。

二、引导小学生正确认识个体与环境的关系

如何正确认识个人与环境（他人、社会、自然）的关系，如何恰当处理彼此之间的"利弊得失"，这是小学生道德价值观教育的基本问题，是学校德育的重心。

调查结果显示，无论是在爱的价值观方面，还是在规则、尊重、公正、生命等价值观方面，小学生的选择都体现出了矛盾性、多样性与差异性。随着年级的升高，小学生对有关方面的认识水平也相应提高，但也有一些方面的情况正相反。也就是说，一些小学生对个体与环境之间的关系并不明白应该怎样"权衡得失"。可见，学校德育应加强对小学生正确认识个人与环境之间的关系的引导，在教育中揭示关系的实质（例如使用一次性筷子，其实

质是对植物生命、对自然环境的危害等），帮助他们形成正确的认识以及恰当的处理原则与方法。

社会转型期出现了一些新的变化，需要我们重新审视一些关系，如个人生命与集体财产、个体生命健康与履行工作责任等。这不仅是小学生道德价值观教育所面临的问题，也是当代社会所面临的一个普遍性问题。因此，在社会多元价值取向并存的时代，学校德育应紧密结合当前社会的发展及小学生道德价值观发展的现状，从学生实际需要出发，引导学生正确认识个体与环境的关系。

三、重视培养小学生的道德判断力与意志力

小学生道德价值观教育的重点不是简单地告诉他们应该怎么做，而是应设计利益冲突情境，引导他们思考、分辨，培养和提高他们的道德判断力与意志力。

调查结果表明，面对一些具体事件、情境，有些小学生缺乏应有的判断力，有些小学生不是不知、不懂，而是缺乏意志力、自控力将正确的事做到底。例如：面对网络的诱惑，有些小学生虽能意识到去网吧不对，但还是不顾向老师的承诺，忍不住会去；面对答应同学的事遇到困难的情况，有些小学生虽然能意识到应该完成，但还是以告诉对方没有办法完成作为处理方式。这些都表现出他们缺乏克服困难的决心和意志力。因此，学校德育应提供丰富多彩的活动，注重收集、选择一些小学生生活中的利益冲突事件，创设一些矛盾情境，并设计一定的难度，以此培养小学生的道德思考能力与自主选择能力，开启、培育小学生内在德性，以克制个人喜恶，引导小学生学会克服困难，磨炼他们的意志力。

需要强调的一点是，在进行道德判断时，对小学生而言，生命的价值是最为重要的，关爱生命是最为根本的，因此，在诸如自尊、勇敢等主题教育中，应以生命价值为最高价值，避免因盲目或不正确的意识而伤害生命，尤其是对低年级小学生。

四、注重小学生的同情心与移情能力的培养

在道德价值观的培养中，应注重培养小学生的同情心与移情能力。培养小学生感同身受的能力，注重引导小学生逐渐学会与他人平等交换意见，学会倾听他人的心声，学会站在他人的立场考虑问题，改变仅仅从自己的角度考虑问题，只顾及自己的感受的现象，这对小学生道德价值观的培养而言非常重要。

在问卷调查中我们发现，一些小学生对他人的过错不能理解或宽容，这虽与他们的成长阶段有关，但学校或家长还是应有意识地帮助他们正确对待他人的过错以及认错的意义，理解人与人交往中需要宽容，以及宽容在其中的意义，懂得宽容，学会宽容，这对他们的未来生活很有帮助。

五、注重小学生的生命道德价值观教育

生命是最基本的价值，是人生其他一切价值的前提和基础。生命价值教育是生命教育的核心。正确认识与理解生命价值，既是生命价值教育的前提与基础，又是生命价值教育的重要内容。尤其是深刻认识与理解生命内在价值，对深入开展生命价值教育十分必要与重要。而生命内在价值是由生命本身的性质与能力决定的，因此我们应立足于生命特性探索生命内在价值及其教育。

在小学生中开展生命价值教育，要引导小学生正确认识生命价值的意蕴，理解生命内在价值的必要性和重要性。世上没有什么可以和生命等同，生命高于一切，生命的价值是人类一切价值的最根本标尺，珍重生命是人类共同的、基本的价值观。如果说生命意义的寻求、发现与实现是每个个体生命的生存使命，那么从生命的视野看，每个生命都是独一无二的，只能成为"生命所是和所能是"的自己。同样，死亡也有着深刻、正向、积极的生命意义。

简言之，生命教育是关于生命的教育，包括生命价值的教育、生命意识

的培养、生命智慧的开启等内容，其中，生命价值教育是生命教育的核心。生命价值教育是关于生命价值的教育，是促进人们对生命价值的体验、认知与实践的教育，是帮助人们在其过程中反思和构建生命价值观念、态度与行为方式等的教育。

学校教育要营造注重生命价值的校园文化，在环境中陶冶生命；要回到生命之中，讲述生命故事，与生命对话；要回到现实生活之中，创设生命体验活动。培养学生关爱生命、尊重生命、认识生命以及对生命负责等方面的意识和能力。

第四节　学校开展小学生道德价值观教育的策略

尽管小学生道德价值观的形成与发展受社会、家庭、学校等多种因素的影响，在某些方面社会或家庭的影响更为重要，但学校不能推卸自身的责任。由于学校教育的特殊性，在小学生道德价值观教育方面，学校有着社会和家庭不可替代的影响。基于调查研究的结果，学校在小学生道德价值观教育方面应采取如下策略。

一、以爱的价值观培养为核心

爱的价值观在各种价值观中处于基础与核心位置。小学生的道德价值观教育应以爱的道德价值的培养为核心，引导小学生关爱自己的生命、他人的生命、同类生命，关爱身边的人、事、物，做好自己的事情，为他人做力所能及的事情，帮助小学生理解、体验、践行爱的价值观。

小学生的道德价值教育应从爱开始。小学生非常渴望爱，即使是在受到忽视、冷落、歧视时，这种渴望也并未消失，仍充满期待。因此，应为他们提供生命之爱，让他们在生命的早期充分感受到生命之爱，并以生命之爱改善他们的生命状态，促进他们的生命健康成长，这对他们的一生会有重大影响。

二、关注家庭对小学生道德价值观的影响

家庭是小学生道德价值观的重要影响因素,家长在小学生道德价值观发展中的作用不可替代。家庭是孩子生活的主要场所,家庭环境直接影响孩子行为习惯的养成,家长的一言一行都在有意无意地影响孩子的意识与行为。

在满足孩子基本生活需要的基础上,家长最为重要的是满足孩子爱的需要,应多花些时间陪孩子,让他们能感受到家长的爱。尊重孩子在家庭中的地位,帮助孩子形成家庭责任感。开展家庭合作活动,尤其是农村地区的家庭应为孩子合作价值观的发展营造良好的氛围。

学校要在家长中开展道德价值观教育。一是围绕小学生道德价值观教育设计主要内容,将学校开展教育活动的目的、内容等传递给家长,使学校教育与家庭教育形成合力;二是要引导小学生家长的道德价值观,通过影响家长的道德价值观来影响小学生。

三、注重不同年级小学生的道德价值观教育

不同年级的小学生道德价值观在一些方面具有一定的差异,学校应针对他们的身心发展特点、道德价值观发展的不同侧重点,以及不同学段小学生的不同特点等,提供相应的教育,设计相应的活动。例如:注重低年级小学生合作行为的培养,注重中高年级小学生公正价值观的教育;对低年级小学生着重开展道德情感教育,借此提高他们的道德认知水平与道德行动能力,对高年级小学生应着重开展道德意志教育,帮助他们提高抵制外界诱惑、战胜困难的道德意志力;低年级小学生的道德价值观培养应注重利用游戏,中年级学生的道德价值观培养应游戏和学习活动并重,而对高年级小学生道德价值观的培养则应更多地利用学习活动。

四、关注家境贫困或富有的小学生的道德价值观教育

学校要特别关注家境富有或贫困的小学生、单亲家庭的小学生的道德价值观教育。相对于一般家庭的小学生而言,这些家庭的小学生在道德价值观的不同方面有着不同的特点与差异,其中有一些方面强于一般家庭的小学生,而更多的是弱于一般家庭的小学生。这是学校道德价值观教育必须考虑的问题,也是其主要着力点。学校教育不能脱离家庭,尤其是小学生的教育,更是需要关注其家庭状况。一定意义上讲,对小学生而言,家庭的影响更为重要。因此,学校应关注他们的实际境遇,为他们提供更有针对性的教育,以弥补家庭教育、社会教育之不足或纠正其不当教育所造成的后果。

五、充分利用小学生崇拜的人物开展教育活动

一般而言,一个人崇拜的对象也是其模仿的对象,对其影响重大,对小学生而言更是如此。为此,本研究在调查问卷中设计了一道选择填空复合题(第24题),以了解小学生最崇拜的人。请被调查者先在分类中选择,然后填写自己最崇拜人的名字。根据各个类别被选择的频率和人名出现的频率分别排名,结果如表10-2所示,从第10名开始的选择频数较少,相应的比例均在1.0%以下,故不进行统计。

统计结果显示,从类别被选择的频率看,排在第一位的是"明星",之后是父母、科学家、老师、同学等;从人名出现的频率看,同样也是"明星"排在第一位,值得欣喜的是"雷锋"位居第二位,还有"爱迪生"、"居里夫人"等科学家位于前五名。这一方面是教育的结果,另一方面也为学校教育提供了思路,即要充分利用小学生最崇拜的人物开展道德价值观教育,深刻挖掘这些人物的道德价值观,通过讲故事等方式,将其传授给小学生,使他们受到潜移默化的影响。

表 10-2 小学生最崇拜的人

频数排名	分类		人名	
	选项	百分比	人名	百分比
1	明星	30.0	周杰伦	6.2
2	父母	12.9	雷锋	4.9
3	科学家	11.6	成龙	4.5
4	英雄	10.6	爱迪生	3.0
5	老师	10.5	居里夫人	2.4
6	同学	4.5	毛泽东	2.2
7	军人	3.3	爱因斯坦	1.9
8	政治家	3.0	牛顿	1.5
9	其他	3.0	钱学森	1.4
10	企业家	1.3	黄继光	1.2
11	农民	0.6		
12	工人	0.2		N=3112

六、采用小学生喜欢的教育方式

道德价值观教育并不要求小学生死记硬背一些道德准则，而是要创造各种机会，使他们能够从心灵深处去感受、去领悟。因此，学校道德价值观教育应注重小学生的学习、游戏和日常生活，从贴近他们的生活、贴近他们的情感等角度切入，切实开展教育活动。

那么，什么样的方法更为有效呢？本研究的调查问卷设计了一道题（第40题），列举了15种教育方法，请小学生从中选出他们认为最有效的5种。根据15个选项累计被选择的次数计算出百分比，从高到低进行排名，结果如表10-3所示。调查结果表明，小学生认为最有效的教育方法，15个选项中位于前5位的依次是：阅读课外读物（12.0%），教师讲授（10.8%），实践活动（10.3%），讲述道德故事（9.2%），课外活动（7.1%）。

可见，在小学生的道德价值观教育中，应注重组织学生阅读课外读物。

教师应做好自己的教学工作，注重实践活动以及上课内容的选择和设计，并结合小学生形象思维较强而逻辑思维较弱的特点，在道德故事中传授道德思想。

表10-3 小学生认为最有效的教育方法

选 项	人 数	百分比	有效百分比
阅读课外读物	1874	12.0	13.0
教师讲授	1678	10.8	11.7
实践活动	1605	10.3	11.2
讲述道德故事	1429	9.2	9.9
课外活动	1107	7.1	7.7
榜样示范	1073	6.9	7.5
班会活动	1011	6.5	7.0
专题讲座	869	5.6	6.0
父母的影响	818	5.3	5.7
社团活动	589	3.8	4.1
教师人格影响	566	3.6	3.9
游戏	525	3.4	3.7
电视节目	480	3.1	3.3
同学间影响	457	2.9	3.2
校风校训熏陶	301	1.9	2.1
总计1	14382	92.4	100.0
缺失值	1184	7.6	
总计2	15566	100.0	

附 录

编号：_____

小学生学习与生活状况调查问卷

亲爱的同学：

你好！首先感谢你参加我们的问卷调查！

本次调查的目的是了解小学生的学习与生活情况，为改进教育现状提供参考。调查的信息完全用于学术研究，我们将对你的回答情况严格保密。因此，本次调查既不会泄露你的个人隐私，也不会给你或学校带来任何不良影响。

各题答案无对错之分，只是反映真实情况。你提供的真实信息对我们很重要，恳请对全部问题如实作答，不要遗漏。

再次谢谢你！

北京师范大学教育学部

2009 年 11 月

一、请根据实际情况在选项的字母序号上划"○"或在"_____"上填写相关内容。

1. 性　　别：　A. 男　　　B. 女
2. 民　　族：　A. 汉族　　B. 少数民族
3. 所在年级：　A. 三年级　B. 四年级　C. 五年级　D. 六年级
4. 独生子女：　A. 是　　　B. 否
5. 父亲职业：_____ 母亲职业：_____
6. 父亲受教育程度：_____ 母亲受教育程度：_____（请选择）
   A. 初中以下　　　　　　B. 高中（高职或中专）
   C. 大学　　　　　　　　D. 研究生（硕士、博士）
7. 家庭经济状况：A. 贫困　B. 一般　C. 富有

8. （可多选）和谁一起住？

　　A. 爸爸　B. 妈妈　C. 爷爷、奶奶　D. 姥爷、姥姥　E. 其他＿＿＿＿

9. （过去或现在）担任过：A. 大队委　B. 中队委　C. 班委　D. 无

二、回答下列各题：请根据自己情况对每题选择一个答案，在选项的字母序号上划"○"；若选"其他"，请在横线上写出具体内容。

1. 如果被校园小霸王欺负，我会：

　　A. 忍气吞声，按他的要求去做。

　　B. 跟他拼命。

　　C. 找人来教训他。

　　D. 报告老师，紧急情况下请警察帮忙。

　　E. 其他＿＿＿＿

2. 小强由于上网吧遭到了老师的批评，小强向老师保证以后再也不去了。可是作完保证，小强放学后又去了。我认为：

　　A. 没办法，网络的诱惑太大了。

　　B. 自己喜欢就去做呗，不用在意老师的批评。

　　C. 小强有点不对，要去也得过一段时间再去。

　　D. 小强不对，已经答应老师了。

　　E. 其他＿＿＿＿

3. 对于父母的养育之恩，我认为：

　　A. 不需要回报，父母是应该的。

　　B. 有能力就回报，没有能力就算了。

　　C. 父母对我付出的多，我多回报；付出的少，我就少回报。

　　D. 任何情况下、任何时候都需要回报。

　　E. 其他＿＿＿＿

4. 古时候有这样一个故事：王祥的后妈对他很不好。一年冬天后妈得了重病，需要活鲜的鲤鱼治病，可是市场上买不到活鱼。王祥二话不说，到封冻的河边，脱下棉衣，用胸膛暖开冰面，捞得鲤鱼为后妈治病。我觉得他：

　　A. 真了不起，后妈对他不好，他还能这样做。

　　B. 没必要这样做，又不是自己的亲妈。

C. 没必要这样做，为这样的后妈付出这样的代价真不值得！

D. 太傻了，这样的后妈病了活该！

E. 其他_____

5. 妈妈特意为我做了一件事，但是不合我意，这时我会：

A. 埋怨她。

B. 直接告诉她我不接受。

C. 虽不喜欢，但怕妈妈伤心，勉强接受。

D. 虽不喜欢，但会愉快接受。

E. 其他_____

6. 老师批评我，而我认为是被冤枉的，我会：

A. 当时就和老师争辩，因为我明明没有错。

B. 当时不争辩，心里记恨老师。

C. 批评就批评了，无所谓。

D. 事后和老师澄清事实，并宽容老师的这次失误。

E. 其他_____

7. 同学指出我的缺点，我会：

A. 跟他争辩，也给他提意见。

B. 表面接受，心里不服气。

C. 不理睬。

D. 虚心接受。

E. 其他_____

8. 如果有同学在背地里说我坏话，后来知道错了向我道歉，我：

A. 会原谅他。

B. 看情形定。

C. 不会原谅他。

D. 也说他的坏话。

E. 其他_____

9. 老师生病了，却坚持给同学们上课。我觉得老师：

A. 对工作认真负责，很感人。

B. 生病就不要来上班，身体更重要。

C. 生病就不要来上班，把身体养好，可以更好地工作。

D. 应该带病坚持工作，老师要是不来，学生怎么办？

E. 其他_____

10. 小刚在去往学校的路上发现一个下水井盖没有了，我觉得他：

A. 应该告诉警察叔叔，否则万一有人掉下去怎么办。

B. 应该提示过往行人注意。

C. 可以不管，会有其他人管。

D. 不用理它，与自己没关系。

E. 其他_____

11. 我答应了同学要帮他做事，但后来我发现自己很难完成这件事，我会：

A. 不再管它，无所谓。

B. 应付一下。

C. 告诉他没有办法完成。

D. 想尽办法做下去。

E. 其他_____

12. 我无意中做了错事，给同学带来一定的损失，我会：

A. 主动承认错误并想办法补偿同学的损失。

B. 不情愿地承认错误和补偿损失。

C. 我也不是故意的，没有必要补偿损失。

D. 觉得无所谓，大家都会犯错的。

E. 其他_____

13. 针对个别同学考试作弊的现象，我认为：

A. 很正常。

B. 无所谓。

C. 太恶劣了，应该制止。

D. 不管别人怎么样，我都不作弊。

E. 其他_____

14. 小虎是班里公认的最捣蛋的同学，大家都不愿意帮助他，

A. 我也不愿意帮助他。

B. 如果老师指派我，我可以帮助他。

C. 我觉得他挺可怜的，我愿意帮助他。

D. 我会主动帮助他。

E. 其他_____

15. 汶川地震一年后，有些游人在地震遗址拍照，拍照时摆出各种姿势，并发出兴奋的声音。我觉得：

A. 这样做太过分了，严重伤害了灾区人民的感情。

B. 不应该这样做，太缺少同情心了。

C. 只是拍照，对灾区人民没有什么伤害。

D. 拍照时这样很正常，与他人无关。

E. 其他_____

16. 升国旗时，老师要求我们衣着整洁、佩戴红领巾，脱帽，面向国旗行注目礼或队礼，我觉得：

A. 这些形式完全没必要。

B. 我高兴就这样做，不高兴就不做。

C. 老师怎么要求，我就怎么做，没什么想法。

D. 应该这样做，因为这是学校的要求，小学生应该遵守。

E. 其他_____

17. 我国著名的女排教练郎平在 2008 年奥运会上率美国女排战胜中国女排，我认为：

A. 郎平不爱国。

B. 郎平做了教练该做的，与爱国没有关系。

C. 输赢是实力问题，不能说郎平不爱国。

D. 郎平是我们中国的骄傲。

E. 其他_____

18. 汶川地震时，同学们将自己的零花钱捐给灾区，我认为：

A. 小学生不挣钱，不用捐。

B. 愿意捐就捐，不捐也没什么。

C. 在不影响自己的情况下，可以捐一些。

D. 应该捐，自己不花也要捐。

E. 其他_____

19. 一个同学在公园捡到100元钱，交给失物招领处，我认为他：

A. 很傻，又没人看见，完全可以自己留着。

B. 不得不交，别人让他送到失物招领处。

C. 不好意思不交，怕别人说自己占便宜。

D. 做得很好，不是自己的就不该要。

E. 其他_____

20. 三年级的小明在公交车上看见小偷正在偷东西，我觉得他：

A. 不应该管，又不是偷他的。

B. 应该保护好自己，不去管这件事。

C. 应该冲上去制止小偷。

D. 悄悄地找周围的大人帮忙。

E. 其他_____

21. 北京奥运会期间，许多志愿者没有报酬但很辛苦地服务，我觉得他们：

A. 为社会做贡献，很有意义。

B. 喜欢做这样的事情，高兴就好。

C. 也许是为了得到其他好处。

D. 很不值得，付出太多了。

E. 其他_____

22. 一组变态残忍杀猫的图片被各网站广泛转载。看到"虐猫事件"的报道，我觉得：

A. 不能叫"虐猫"，反正自己觉得好就好了。

B. 动物又不是人，不必大惊小怪。

C. 有点看不下去了。

D. 太过分了，小猫也是有生命的啊！怎么可以这样！！

E. 其他_____

23. 在餐馆里就餐时有一次性筷子和普通筷子可以选用,我认为:

　A. 应该选用普通筷子。

　B. 最好选用普通筷子,但用一次性的也可以。

　C. 完全没必要考虑这个问题。

　D. 最好选用一次性筷子。

　E. 其他_____

24. 我最崇拜的人(只选一项,在所选项的字母序号上划"○",并在其后括号内写出一个人的名字):

　A. 政治家(_____)　B. 科学家(_____)　C. 企业家(_____)

　D. 明星(_____)　　E. 英雄(_____)　　F. 父母(_____)

　G. 老师(_____)　　H. 农民(_____)　　I. 工人(_____)

　J. 军人(_____)　　K. 同学(_____)　　L. 其他(_____)

三、请回答下列各题,在最符合或接近你观点的选项下画"○"。

题目	选项				
	完全同意	大部分同意	基本同意	大部分不同意	完全不同意
25. 我相信假如我勤奋,我的生活会更好。					
26. 当犯错误的时候,我通常会感到惭愧。					
27. 我的好朋友与其他同学发生冲突,需要我帮助,但我要问清事实,公平处理。					
28. 当遭到别人嘲笑时,我很生气,觉得自尊受到了伤害。(反向题)					
29. 当我在公共场合看到有人乱丢垃圾时,我会上前制止。					
30. 我能够和别人一起合作完成事情。					
31. 照顾好自己,不让爸爸妈妈操心就是爱他们。					
32. 每当我花钱的时候都会想到这是爸爸妈妈辛辛苦苦挣来的。					
33. 目前,我会经常做一些力所能及的事。					

续表

题　目	选　项				
	完全同意	大部分同意	基本同意	大部分不同意	完全不同意
34. 我认为，在灾难发生时，为抢救集体财产不惜牺牲个人生命是值得的。					
35. 世界和平是大人的事，小孩不用操心。（反向题）					
36. 我认为在班级中，所有同学都应该拥有相等的权利。					
37. 我认为，老师上课时无法回答学生提出的问题很不应该。					
38. 有时候为了自己的利益损害了朋友的利益也是没有办法的事情。（反向题）					
39. 有时遵守规则会吃亏，所以不必事事都遵守规则。（反向题）					

40. 请选出你认为有效的 5 种教育方法（请在选项的字母序号上划"○"）。

　　A. 教师讲授　　　　B. 班会活动　　　　C. 阅读课外读物

　　D. 父母的影响　　　E. 教师人格影响　　F. 课外活动

　　G. 讲述道德故事　　H. 社团活动　　　　I. 电视节目

　　J. 榜样示范　　　　K. 实践活动　　　　L. 专题讲座

　　M. 同学间影响　　　N. 游戏　　　　　　O. 校风校训熏陶

41. 请选出你最欣赏的 5 种品质（请在选项的字母序号上划"○"）。

　　A. 善良　　B. 勤劳　　C. 自强　　D. 宽容　　E. 诚实　　F. 公正

　　G. 合作　　H. 守信　　I. 谦虚　　J. 关怀　　K. 尊重　　L. 助人

　　M. 其他_____

问卷到此结束，谢谢你！祝你学习进步！

后　记

　　本书终于面世了，如释重负，也深感欣慰。她的孕育，历时四年，凝结了我们全体研究者的心血与期望、智慧与力量。一步步走来，颇多感触，颇多收获！

　　本书是国家社会科学基金2007年度教育学重点课题"社会变革时期青少年思想道德发展的新情况与对策研究"子课题之一"社会变革时期小学生道德价值观教育研究"的成果。自2008年起，我们通过问卷调查、访谈、观察等方法获得了大量的一手资料，经统计分析初步揭示、描述了社会变革时期小学生道德价值观的现状及其特点，首次对小学生的生命道德价值观进行了调查分析，并对小学生的道德价值观教育进行了有针对性的思考。

　　本课题研究遇到的第一个问题就是基本概念的界定以及研究范围的确定。为了从理论上明晰价值观、道德价值观、小学生道德价值观等一系列问题，我们查阅了大量的国内外有关文献，对价值、价值观、道德价值观、核心价值观、主流价值观等基本概念进行了系统梳理与研究。参与此项工作的主要有刘慧、刘惊铎、孙恩渠、余以恒、曲悦、王雪、孔娜、李春光等。

　　在问卷设计过程中，我们又遇到了新的难题，如选择哪些价值观作为调查内容，如何设计问卷的结构，如何编制问卷等。在前测及整理分析既有问卷之后，我们开始了漫长的、一点点地创制以及一遍遍地修改问卷的工作，将问卷拿到城乡不同小学，在三年级以上的小学生中试测，经分析后再修改。之后，朱小蔓教授组织多次论证修改研讨会，邀请心理学、统计学等方面的

后　记

专家学者反复论证和修改。经过一年多的时间，调查问卷终于成形了，可以到学校进行现场调查了，我们为之兴奋、欣喜。可这还只是完成了本课题研究1/3的工作，还有更难的工作等待我们去完成。参与问卷编制工作的主要有刘慧、俞劼、夏鹏翔、刘俊艳、曲悦、席双、王峰、范颖杰、高雅、夏京颖、吕尚兰、孙恩渠等，问卷的校对还得到了王善峰博士的帮助。

接下来是进入全国各地小学进行现场问卷调查工作。朱小蔓教授组织各子课题负责人多次研讨论证，确定在全国东西南北中之两个直辖市、4个省会城市、3个省的6个县选择30所小学进行问卷调查，包括清华大学附属小学、沈阳市宁山路小学等，共有3182名四年级、五年级和六年级小学生参与问卷调查。在问卷调查过程中，刘惊铎、刘慧、冯秀军、李继星、张男星等分别负责北京市、广西壮族自治区、辽宁省、河北省、上海市、广东省等地的调查联络及实施工作；沈阳市皇姑区教师进修学校副校长时洪，沈阳市第84中学校长梁巨慧，清华大学附属小学校长赵颖、窦桂梅，沈阳师范大学教师发展学院教师李春光等负责具体组织工作；王善峰、曾庆伟、李敏、钟晓琳、郭静、戴军、李春光、张冬菊、郭小伟、张君、陈阳、赵静、曾岩等参与了不同地区的问卷调查工作。

调查问卷回收后，开始了大规模的数据录入、统计与分析工作。刘慧、刘惊铎总体负责此项工作，俞劼负责问卷录入、统计与分析的技术指导，参与问卷录入工作的有孙恩渠、王峰、高雅、吕尚兰、余以恒、李宁、席双、夏京颖等，参与问卷统计分析的有孟啸、王佳艺、周琼丹、姜炜、董晓琴等。

本书写作框架和逻辑构架以及写作提纲的设计与修改、定稿，由刘慧、刘惊铎负责，俞劼参与写作提纲的讨论，并负责统计数据处理与核校工作。初稿撰写人员主要有刘慧、刘惊铎、俞劼、夏鹏翔、孟啸、王佳艺、周琼丹、姜炜、董晓琴、孙恩渠、余以恒、曲悦等。

全书最后由刘慧负责第一章、第三章、第四章、第五章、第六章、第七章、第八章、第九章、第十章的修改定稿，孟啸协助修改这几章的统计数据；俞劼负责第二章的修改定稿；刘惊铎为各部分提出宝贵建议并作了修改。

在此，特别感谢朱小蔓教授带领我们走进这个领域，以及为本课题研究的顺利完成所付出的智慧与辛苦；非常感谢参与本课题研究的全体人员，尤其是首都师范大学初等教育学院教育学原理专业和沈阳师范大学教育学原理专业的研究生,他们在问卷录入与统计方面付出了大量的劳动;衷心感谢接受问卷调查的省、自治区、直辖市各单位及有关领导、同仁和朋友的热情参与与鼎力支持。

  本课题研究成果能够面世,还要特别感谢教育科学出版社李东总编辑、刘明堂主任,他们为本书的修改提出了许多宝贵意见,为本书的出版付出了辛勤的劳动。

  回首本课题研究的整个过程,真是历历在目,更是获益颇多。

刘　慧
于西钓鱼台嘉园
2012 年 7 月

出 版 人　　所广一
责任编辑　　何　艺
版式设计　　杨玲玲
责任校对　　贾静芳
责任印制　　曲凤玲

图书在版编目（CIP）数据

社会变革时期中国小学生道德价值观调查／刘慧，刘惊铎，俞劼等著．—北京：教育科学出版社，2013.1
（中国青少年道德价值观研究丛书／朱小蔓主编）
ISBN 978－7－5041－7252－5

Ⅰ.①社…　Ⅱ.①刘…②刘…③俞…　Ⅲ.①小学生—道德—价值论（哲学）—调查研究—中国
Ⅳ.①G625.5

中国版本图书馆 CIP 数据核字（2012）第 307018 号

中国青少年道德价值观研究丛书
社会变革时期中国小学生道德价值观调查
SHEHUI BIANGE SHIQI ZHONGGUO XIAOXUESHENG DAODE JIAZHIGUAN DIAOCHA

出版发行	教育科学出版社			
社　　址	北京·朝阳区安慧北里安园甲9号	市场部电话	010－64989009
邮　　编	100101	编辑部电话	010－64981167
传　　真	010－64891796	网　　址	http://www.esph.com.cn
经　　销	各地新华书店		
制　　作	北京金奥都图文制作中心		
印　　刷	保定市中画美凯印刷有限公司		
开　　本	169毫米×239毫米　16开	版　　次	2013年1月第1版
印　　张	14.5	印　　次	2013年1月第1次印刷
字　　数	214千	定　　价	35.00元

如有印装质量问题，请到所购图书销售部门联系调换。